JN118885

世界遺産シリーズ

世界遺産ガイド

ーウクライナ編ー

目
次

《 目　次 》

本書の作成にあたり、下記の機関から写真や資料のご提供、ご協力をいただきました。

UNESCO　https://en.unesco.org/
UNESCO World Heritage Centre　https://whc.unesco.org/
Intangible Heritage　https://ich.unesco.org/
Memory of the World - Unesco　https://en.unesco.org/programme/mow
International Union for Conservation of Nature - IUCN　https://www.iucn.org/
International Council on Monuments and Sites - ICOMOS　https://www.icomos.org/en

【表紙と裏表紙の写真】

（表）　　　　（裏）

❶	❷
❸	❹
❺	❻

❼

❶ウクライナのカルパチア地方の木造教会群
❷シュトルーヴェの測地弧
❸リヴィフの歴史地区
❹キエフの聖ソフィア大聖堂と修道院群
❺カルパチア山脈の原生ブナ林群
❻ブコヴィナ・ダルマチア府主教の邸宅
❼タウリカ・ケルソネソスの古代都市

※世界遺産委員会別歴代議長

回次	開催年	開催都市（国名）	議長名（国名）
第1回	1977年	パリ（フランス）	Mr Firouz Bagherzadeh (Iran)
第2回	1978年	ワシントン（米国）	Mr Firouz Bagherzadeh (Iran)
第3回	1979年	ルクソール（エジプト）	Mr David Hales (U.S.A)
第4回	1980年	パリ（フランス）	Mr Michel Parent (France)
第5回	1981年	シドニー（オーストラリア）	Prof R.O.Slatyer (Australia)
第6回	1982年	パリ（フランス）	Prof R.O.Slatyer (Australia)
第7回	1983年	フィレンツェ（イタリア）	Mrs Vlad Borrelli (Italia)
第8回	1984年	ブエノスアイレス（アルゼンチン）	Mr Jorge Gazaneo (Argentina)
第9回	1985年	パリ（フランス）	Mr Amini Aza Mturi (United Republic of Tanzania)
第10回	1986年	パリ（フランス）	Mr James D. Collinson (Canada)
第11回	1987年	パリ（フランス）	Mr James D. Collinson (Canada)
第12回	1988年	ブラジリア（ブラジル）	Mr Augusto Carlo da Silva Telles (Brazil)
第13回	1989年	パリ（フランス）	Mr Azedine Beschaouch (Tunisia)
第14回	1990年	バンフ（カナダ）	Dr Christina Cameron (Canada)
第15回	1991年	カルタゴ（チュジニア）	Mr Azedine Beschaouch (Tunisia)
第16回	1992年	サンタフェ（米国）	Ms Jennifer Salisbury (United States of America)
第17回	1993年	カルタヘナ（コロンビア）	Ms Olga Pizano (Colombia)
第18回	1994年	プーケット（タイ）	Dr Adul Wichiencharoen (Thailand)
第19回	1995年	ベルリン（ドイツ）	Mr Horst Winkelmann (Germany)
第20回	1996年	メリダ（メキシコ）	Ms Maria Teresa Franco y Gonzalez Salas (Mexico)
第21回	1997年	ナポリ（イタリア）	Prof Francesco Francioni (Italy)
第22回	1998年	京都（日本）	H.E. Mr Koichiro Matsuura (Japan)
第23回	1999年	マラケシュ（モロッコ）	Mr Abdelaziz Touri (Morocco)
第24回	2000年	ケアンズ（オーストラリア）	Mr Peter King (Australia)
第25回	2001年	ヘルシンキ（フィンランド）	Mr Henrik Lilius (Finland)
第26回	2002年	ブダペスト（ハンガリー）	Dr Tamas Fejerdy (Hungary)
第27回	2003年	パリ（フランス）	Ms Vera Lacoeuilhe (Saint Lucia)
第28回	2004年	蘇州（中国）	Mr Zhang Xinsheng (China)
第29回	2005年	ダーバン（南アフリカ）	Mr Themba P. Wakashe (South Africa)
第30回	2006年	ヴィリニュス（リトアニア）	H.E. Mrs Ina Marciulionyte (Lithuania)
第31回	2007年	クライストチャーチ（ニュージーランド）	Mr Tumu Te Heuheu (New Zealand)
第32回	2008年	ケベック（カナダ）	Dr Christina Cameron (Canada)
第33回	2009年	セビリア（スペイン）	Ms Maria Jesus San Segundo (Spain)
第34回	2010年	ブラジリア（ブラジル）	Mr Joao Luiz Silva Ferreira (Brazil)
第35回	2011年	パリ（フランス）	H.E. Mrs Mai Bint Muhammad Al Khalifa (Bahrain)
第36回	2012年	サンクトペテルブルク（ロシア）	H.E. Mrs Mitrofanova Eleonora (Russian Federation)
第37回	2013年	プノンペン（カンボジア）	Mr Sok An (Cambodia)
第38回	2014年	ドーハ（カタール）	H.E. Mrs Sheikha Al Mayassa Bint Hamad Bin Khalifa Al Thani (Qatar)
第39回	2015年	ボン（ドイツ）	Prof Maria Bohmer (Germany)
第40回	2016年	イスタンブール（トルコ）パリ（フランス）	Ms Lale Ulker (Turkey)
第41回	2017年	クラクフ（ポーランド）	Mr Jacek Purchla (Poland)
第42回	2018年	マナーマ（バーレーン）	Sheikha Haya Rashed Al Khalifa (Bahrain)
第43回	2019年	バクー（アゼルバイジャン）	Mr. Abulfaz Garayev (Azerbaijan)
第44回	2021年	福州（中国）	H.E.Mr.Tian Xuejun (China)

ユネスコ世界遺産の概要

ユネスコ本部（パリ）

写真：古田陽久

① ユネスコとは

ユネスコ（UNESCO＝United Nations Educational, Scientific and Cultural Organization）は、国連の教育、科学、文化分野の専門機関。人類の知的、倫理的連帯感の上に築かれた恒久平和を実現するために1946年11月4日に設立された。その活動領域は、教育、自然科学、人文・社会科学、文化、それに、コミュニケーション・情報。ユネスコ加盟国は、現在193か国、準加盟地域11。ユネスコ本部は、フランスのパリにあり、世界各地に88の地域事務所がある。職員数は2,243人（うち邦人職員は55人）、2020～2021年（2年間）の予算は、1,329,115,300米ドル（注：加盟国の分担金、任意拠出金等全ての資金の総額）。主要国分担率（＊2020年）は、中国（15.493%）、日本（11.052%　わが国分担金額：令和2年度：約32億円）、ドイツ（7.860%）、英国（5.894%）、フランス（5.713%）。事務局長は、オードレイ・アズレー氏＊＊（Audrey Azoulay　フランス前文化通信大臣）。

＊日本は中国に次いで第2位の分担金拠出国（注：2018年に米国が脱退し、また、2019年～2021年の新国連分担率により、2019年から中国が最大の分担金拠出国となった。）として、ユネスコに財政面から貢献するとともに、ユネスコの管理・運営を司る執行委員会委員国として、ユネスコの管理運営に直接関与している。

＊＊1972年パリ生まれ、パリ政治学院、フランス国立行政学院（ENA）、パリ大学に学ぶ。フランス国立映画センター（CNC）、大統領官邸文化広報顧問等重要な役職を務め、フランスの国際放送の立ち上げや公共放送の改革などに取り組むなど文化行政にかかわり、文化通信大臣を務める。2017年3月のイタリアのフィレンツェでの第1回G7文化大臣会合での文化遺産保護（特に武力紛争下における保護）の重要性など「国民間の対話の手段としての文化」に関する会合における「共同宣言」への署名などに主要な役割を果たし、2017年11月、イリーナ・ボコヴァ氏に続く女性としては二人目、フランス出身のユネスコ事務局長は1962～1974年まで務めたマウ氏に続いて2人目のユネスコ事務局長に就任。

```
       ＜ユネスコの歴代事務局長＞
```

	出身国	在任期間
1. ジュリアン・ハクスリー	イギリス	1946年12月～1948年12月
2. ハイメ・トレス・ボデー	メキシコ	1948年12月～1952年12月
（代理）ジョン・W・テイラー	アメリカ	1952年12月～1953年 7月
3. ルーサー・H・エバンス	アメリカ	1953年 7月～1958年12月
4. ヴィットリーノ・ヴェロネーゼ	イタリア	1958年12月～1961年11月
5. ルネ・マウ	フランス	1961年11月～1974年11月
6. アマドゥ・マハタール・ムボウ	セネガル	1974年11月～1987年11月
7. フェデリコ・マヨール	スペイン	1987年11月～1999年11月
8. 松浦晃一郎	日本	1999年11月～2009年11月
9. イリーナ・ボコヴァ	ブルガリア	2009年11月～2017年11月
10. オードレイ・アズレー	フランス	2017年11月～現在

ユネスコの事務局長選挙は、58か国で構成する執行委員会が実施し、過半数である30か国の支持を得た候補者が当選する。投票は当選者が出るまで連日行われ、決着がつかない場合は上位2人が決選投票で勝敗を決める。ユネスコ総会での信任投票を経て、就任する。任期は4年。

② 世界遺産とは

世界遺産（World Heritage）とは、世界遺産条約に基づきユネスコの世界遺産リストに登録されている世界的に「顕著な普遍的価値」（Outstanding Universal Value）を有する遺跡、建造物群、モニュメントなどの文化遺産、それに、自然景観、地形・地質、生態系、生物多様性などの自然遺産など国家や民族を超えて未来世代に引き継いでいくべき人類共通のかけがえのない自然と文化の遺産をいう。

③ ユネスコ世界遺産が準拠する国際条約

世界の文化遺産及び自然遺産の保護に関する条約（通称：**世界遺産条約**）
(Convention for the Protection of the World Cultural and Natural Heritage)
　　　＜1972年11月開催の第17回ユネスコ総会で採択＞

＊ユネスコの世界遺産に関する基本的な考え方は、世界遺産条約にすべて反映されているが、この世界遺産条約を円滑に履行していくためのガイドライン（Operational Guidelines for the Implementation of the World Heritage Convention）を設け、その中で世界遺産リストの登録基準、或は、危機にさらされている世界遺産リストの登録基準や世界遺産基金の運用などについて細かく定めている。

④ 世界遺産条約の成立の経緯とその後の展開

1872年	アメリカ合衆国が、世界で最初の国立公園法を制定。イエローストーンが世界最初の国立公園になる。
1948年	IUCN（国際自然保護連合）が発足。
1954年	ハーグで「軍事紛争における文化財の保護のための条約」を採択。
1959年	アスワン・ハイ・ダムの建設（1970年完成）でナセル湖に水没する危機にさらされたエジプトのヌビア遺跡群の救済を目的としたユネスコの国際的キャンペーン。文化遺産保護に関する条約の草案づくりを開始。
〃	ICCROM（文化財保存修復研究国際センター）が発足。
1962年	IUCN第1回世界公園会議、アメリカのシアトルで開催、「国連保護地域リスト」(United Nations List of Protected Areas)の整備。
1960年代半ば	アメリカ合衆国や国連環境会議などを中心にした自然遺産保護に関する条約の模索と検討。
1964年	ヴェネツィア憲章採択。
1965年	ICOMOS（国際記念物遺跡会議）が発足。
1965年	米国ホワイトハウス国際協力市民会議「世界遺産トラスト」(World Heritage Trust)の提案。
1966年	スイス・ルッツェルンでの第9回IUCN・国際自然保護連合の総会において、世界的な価値のある自然地域の保護のための基金の創設について議論。
1967年	アムステルダムで開催された国際会議で、アメリカ合衆国が自然遺産と文化遺産を総合的に保全するための「世界遺産トラスト」を設立することを提唱。
1970年	「文化財の不正な輸入、輸出、および所有権の移転を禁止、防止する手段に関する条約」を採択。
1971年	ニクソン大統領、1972年のイエローストーン国立公園100周年を記念し、「世界遺産トラスト」を提案(ニクソン政権に関するメッセージ)、この後、IUCN（国際自然保護連合）とユネスコが世界遺産の概念を具体化するべく世界遺産条約の草案を作成。
〃	ユネスコとICOMOS（国際記念物遺跡会議）による「普遍的価値を持つ記念物、建造物群、遺跡の保護に関する条約案」提示。
1972年	ユネスコはアメリカの提案を受けて、自然・文化の両遺産を統合するための専門家会議を開催、これを受けて両草案はひとつにまとめられた。
〃	ストックホルムで開催された国連人間環境会議で条約の草案報告。
〃	パリで開催された第17回ユネスコ総会において採択。
1975年	世界の文化遺産及び自然遺産の保護に関する条約発効。
1977年	第1回世界遺産委員会がパリにて開催される。
1978年	第2回世界遺産委員会がワシントンにて開催される。イエローストーン、メサ・ヴェルデ、ナハニ国立公園、ランゾーメドーズ国立歴史公園、ガラパゴス諸島、キト、アーヘン大聖堂、ヴィエリチカ塩坑、クラクフの歴史地区、シミエン国立公園、ラリベラの岩の教会、ゴレ島の12物件が初の世界遺産として登録される。（自然遺産4　文化遺産8）
1989年	日本政府、日本信託基金をユネスコに設置。
1992年	ユネスコ事務局長、ユネスコ世界遺産センターを設立。
1996年	IUCN第1回世界自然保護会議、カナダのモントリオールで開催。
2000年	ケアンズ・デシジョンを採択。
2002年	国連文化遺産年。
〃	ブダペスト宣言採択。
〃	世界遺産条約採択30周年。
2004年	蘇州デシジョンを採択。
2006年	無形遺産の保護に関する条約が発効。

ユネスコ世界遺産の概要

〃	ユネスコ創設60周年。
2007年	文化的表現の多様性の保護および促進に関する条約が発効。
2009年	水中文化遺産保護に関する条約が発効。
2011年	第18回世界遺産条約締約国総会で「世界遺産条約履行の為の戦略的行動計画 2012～2022」を決議。
2012年	世界遺産条約採択40周年記念行事
	パリ・ユネスコ「世界遺産と持続可能な発展：地域社会の役割」
2015年	平和の大切さを再認識する為の「世界遺産に関するボン宣言」を採択。
2016年10月24～26日	第40回世界遺産委員会イスタンブール会議は、不測の事態で3日間中断、未審議 となっていた登録範囲の拡大など境界変更の申請、オペレーショナル・ガイドラ インズの改訂など懸案事項の審議を、パリのユネスコ本部で再開。
2017年	世界遺産条約締約国数 193か国（8月現在）
2017年10月5～6日	ドイツのハンザ都市リューベックで第3回ヨーロッパ世界遺産協会の会議。
2018年9月10日	「モスル精神の復活：モスル市の復興の為の国際会議」をユネスコ本部で開催。
2021年7月	第44回世界遺産委員会福州会議から、新登録に関わる登録推薦件数は1国1件、 審査件数の上限は35になった。
2021年7月18日	世界遺産保護と国際協力の重要性を宣言する「福州宣言」を採択。
2022年	世界遺産条約採択50周年
2030年	持続可能な開発目標（SDGs）17ゴール

⑤ 世界遺産条約の理念と目的

　「顕著な普遍的価値」（Outstanding Universal Value）を有する自然遺産および文化遺産を人類全体のための世界遺産として、破壊、損傷等の脅威から保護・保存することが重要であるとの観点から、国際的な協力および援助の体制を確立することを目的としている。

⑥ 世界遺産条約の主要規定

- 保護の対象は、遺跡、建造物群、記念工作物、自然の地域等で普遍的価値を有するもの(第1～3条)。
- 締約国は、自国内に存在する遺産を保護する義務を認識し、最善を尽くす（第4条）。 また、自国内に存在する遺産については、保護に協力することが国際社会全体の義務であることを認識する（第6条）。
- 「世界遺産委員会」（委員国は締約国から選出）の設置(第8条)。「世界遺産委員会」は、各締約国が推薦する候補物件を審査し、その結果に基づいて「世界遺産リスト」、また、大規模災害、武力紛争、各種開発事業、それに、自然環境の悪化などの事由で、極度な危機にさらされ緊急の救済措置が必要とされる物件は「危機にさらされている世界遺産リスト」を作成する。(第11条)。
- 締約国からの要請に基づき、「世界遺産リスト」に登録された物件の保護のための国際的援助の供与を決定する。同委員会の決定は、出席しかつ投票する委員国の2／3以上の多数による議決で行う（第13条）。
- 締約国の分担金（ユネスコ分担金の1％を超えない額）、および任意拠出金、その他の寄付金等を財源とする、「世界遺産」のための「世界遺産基金」を設立（第15条、第16条）。
- 「世界遺産委員会」が供与する国際的援助は、調査・研究、専門家派遣、研修、機材供与、資金協力等の形をとる（第22条）。
- 締約国は、自国民が「世界遺産」を評価し尊重することを強化するための教育・広報活動に努める（第27条）。

⑦ 世界遺産条約の事務局と役割

ユネスコ世界遺産センター（UNESCO World Heritage Centre）
　　所長：メヒティルト・ロスラー氏（Dr. Mechtild Rössler　2015年9月〜
　　　　　　（専門分野　文化・自然遺産、計画史、文化地理学、地球科学など
　　　　　　1991年からユネスコに奉職、1992年からユネスコ世界遺産センター、
　　　　　　2003年から副所長を経て現職、文化局・文化遺産部長兼務　ドイツ出身）
　7 place de Fontenoy　75352 Paris 07 SP France　℡33-1-45681889　Fax 33-1-45685570
　電子メール：wh-info@unesco.org　インターネット：http://www.unesco.org/whc

ユネスコ世界遺産センターは1992年にユネスコ事務局長によって設立され、ユネスコの組織では、現在、文化セクターに属している。スタッフ数、組織、主な役割と仕事は、次の通り。

<スタッフ数>　約60名

<組織>
　自然遺産課、政策、法制整備課、促進・広報・教育課、アフリカ課、アラブ諸国課、
　アジア・太平洋課、ヨーロッパ課、ラテンアメリカ・カリブ課、世界遺産センター事務部

<主な役割と仕事>

●世界遺産ビューロー会議と世界遺産委員会の運営
●締結国に世界遺産を推薦する準備のためのアドバイス
●技術的な支援の管理
●危機にさらされた世界遺産への緊急支援
●世界遺産基金の運営
●技術セミナーやワークショップの開催
●世界遺産リストやデータベースの作成
●世界遺産の理念を広報するための教育教材の開発。

<ユネスコ世界遺産センターの歴代所長>

	出身国	在任期間
●バーン・フォン・ドロステ（Bernd von Droste）	ドイツ	1992年〜1999年
●ムニール・ブシュナキ（Mounir Bouchenaki）	アルジェリア	1999年〜2000年
●フランチェスコ・バンダリン（Francesco Bandarin）	イタリア	2000年9月〜2010年
●キシォール・ラオ（Kishore Rao）	インド	2011年3月〜2015年8月
●メヒティルト・ロスラー（Mechtild Rossler）	ドイツ	2015年9月〜

⑧ 世界遺産条約の締約国（193の国と地域）と世界遺産の数（167の国と地域　1154物件）

　2022年3月現在、167の国と地域1154件（**自然遺産** 218件、**文化遺産** 897件、**複合遺産** 39件）が、このリストに記載されている。また、大規模災害、武力紛争、各種開発事業、それに、自然環境の悪化などの事由で、極度な危機にさらされ緊急の救済措置が必要とされる物件は「**危機にさらされている世界遺産リスト**」（略称 危機遺産リスト 本書では、★【危機遺産】と表示）に登録され、2022年3月現在、52件（34の国と地域）が登録されている。

ユネスコ世界遺産の概要

<地域別・世界遺産条約締約日順> ※地域分類は、ユネスコ世界遺産センターの分類に準拠。

<アフリカ>締約国(46か国) ※国名の前の番号は、世界遺産条約の締約順。

国名	世界遺産条約締約日	自然遺産	文化遺産	複合遺産	合計	【うち危機遺産】
8 コンゴ民主共和国	1974年 9月23日 批准 (R)	5	0	0	5	(4)
9 ナイジェリア	1974年10月23日 批准 (R)	0	2	0	2	(0)
10 ニジェール	1974年12月23日 受諾 (Ac)	2 *㉟	1	0	3	(1)
16 ガーナ	1975年 7月 4日 批准 (R)	0	2	0	2	(0)
21 セネガル	1976年 2月13日 批准 (R)	2	5 *⑱	0	7	(1)
27 マリ	1977年 4月 5日 受諾 (Ac)	0	3	1	4	(3)
30 エチオピア	1977年 7月 6日 批准 (R)	1	8	0	9	(0)
31 タンザニア	1977年 8月 2日 批准 (R)	3	3	1	7	(1)
44 ギニア	1979年 3月18日 批准 (R)	1 *②	0	0	1	(1)
51 セイシェル	1980年 4月 9日 受諾 (Ac)	2	0	0	2	(0)
55 中央アフリカ	1980年12月22日 批准 (R)	2 *㉖	0	0	2	(1)
56 コートジボワール	1981年 1月 9日 批准 (R)	3 *②	2	0	5	(1)
61 マラウイ	1982年 1月 5日 批准 (R)	1	1	0	2	(0)
64 ブルンディ	1982年 5月19日 批准 (R)	0	0	0	0	(0)
65 ベナン	1982年 6月14日 批准 (R)	1 *㉟	1	0	2	(0)
66 ジンバブエ	1982年 8月16日 批准 (R)	2 *①	3	0	5	(0)
68 モザンビーク	1982年11月27日 批准 (R)	0	1	0	1	(0)
69 カメルーン	1982年12月 7日 批准 (R)	2 *㉖	0	0	2	(0)
74 マダガスカル	1983年 7月19日 批准 (R)	2	1	0	3	(1)
80 ザンビア	1984年 6月 4日 批准 (R)	1 *①	0	0	1	(0)
90 ガボン	1986年12月30日 批准 (R)	1	0	1	2	(0)
93 ブルキナファソ	1987年 4月 2日 批准 (R)	1 *㉟	2	0	3	(0)
94 ガンビア	1987年 7月 1日 批准 (R)	0	2 *⑱	0	2	(0)
97 ウガンダ	1987年11月20日 受諾 (Ac)	2	1	0	3	(1)
98 コンゴ	1987年12月10日 批准 (R)	1 *㉖	0	0	1	(0)
100 カーボヴェルデ	1988年 4月28日 受諾 (Ac)	0	1	0	1	(0)
115 ケニア	1991年 6月 5日 受諾 (Ac)	3	4	0	7	(0)
120 アンゴラ	1991年11月 7日 批准 (R)	0	1	0	1	(0)
143 モーリシャス	1995年 9月19日 批准 (R)	0	2	0	2	(0)
149 南アフリカ	1997年 7月10日 批准 (R)	4	5	1 *㉘	10	(0)
152 トーゴ	1998年 4月15日 受諾 (Ac)	0	1	0	1	(0)
155 ボツワナ	1998年11月23日 受諾 (Ac)	1	1	0	2	(0)
156 チャド	1999年 6月23日 批准 (R)	1	0	1	2	(0)
158 ナミビア	2000年 4月 6日 批准 (R)	1	1	0	2	(0)
160 コモロ	2000年 9月27日 批准 (R)	0	0	0	0	(0)
161 ルワンダ	2000年12月28日 受諾 (Ac)	0	0	0	0	(0)
167 エリトリア	2001年10月24日 受諾 (Ac)	0	1	0	1	(0)
168 リベリア	2002年 3月28日 受諾 (Ac)	0	0	0	0	(0)
177 レソト	2003年11月25日 受諾 (Ac)	0	0	1 *㉘	1	(0)
179 シエラレオネ	2005年 1月 7日 批准 (R)	0	0	0	0	(0)
181 スワジランド	2005年11月30日 批准 (R)	0	0	0	0	(0)
182 ギニア・ビサウ	2006年 1月28日 批准 (R)	0	0	0	0	(0)
184 サントメ・プリンシペ	2006年 7月25日 批准 (R)	0	0	0	0	(0)
185 ジブチ	2007年 8月30日 批准 (R)	0	0	0	0	(0)
187 赤道ギニア	2010年 3月10日 批准 (R)	0	0	0	0	(0)
192 南スーダン	2016年 3月 9日 批准 (R)	0	0	0	0	(0)
合計	35か国	39	54	5	98	(15)
( )内は複数国にまたがる物件		(4)	(1)	(1)	(6)	(1)

ユネスコ世界遺産の概要

＜アラブ諸国＞締約国（19の国と地域）　※国名の前の番号は、世界遺産条約の締約順。

国　名	世界遺産条約締約日	自然遺産	文化遺産	複合遺産	合計	【うち危機遺産】
2 エジプト	1974年 2月 7日 批准 (R)	1	6	0	7	(1)
3 イラク	1974年 3月 5日 受諾 (Ac)	0	5	1	6	(3)
5 スーダン	1974年 6月 6日 批准 (R)	1	2	0	3	(0)
6 アルジェリア	1974年 6月24日 批准 (R)	0	6	1	7	(0)
12 チュニジア	1975年 3月10日 批准 (R)	1	7	0	8	(0)
13 ヨルダン	1975年 5月 5日 批准 (R)	0	5	1	6	(1)
17 シリア	1975年 8月13日 受諾 (Ac)	0	6	0	6	(6)
20 モロッコ	1975年10月28日 批准 (R)	0	9	0	9	(0)
38 サウジアラビア	1978年 8月 7日 受諾 (Ac)	0	6	0	6	(0)
40 リビア	1978年10月13日 批准 (R)	0	5	0	5	(5)
54 イエメン	1980年10月 7日 批准 (R)	1	3	0	4	(3)
57 モーリタニア	1981年 3月 2日 批准 (R)	1	1	0	2	(0)
60 オマーン	1981年10月 6日 受諾 (Ac)	0	5	0	5	(0)
70 レバノン	1983年 2月 3日 批准 (R)	0	5	0	5	(0)
81 カタール	1984年 9月12日 受諾 (Ac)	0	1	0	1	(0)
114 バーレーン	1991年 5月28日 批准 (R)	0	3	0	3	(0)
163 アラブ首長国連邦	2001年 5月11日 加入 (A)	0	1	0	1	(0)
171 クウェート	2002年 6月 6日 批准 (R)	0	0	0	0	(0)
189 パレスチナ	2011年12月 8日 批准 (R)	0	3	0	3	(3)
合計	18の国と地域	5	80	3	88	(21)

＜アジア・太平洋＞締約国（44か国）　※国名の前の番号は、世界遺産条約の締約順。

国　名	世界遺産条約締約日	自然遺産	文化遺産	複合遺産	合計	【うち危機遺産】
7 オーストラリア	1974年 8月22日 批准 (R)	12	4	4	20	(0)
11 イラン	1975年 2月26日 受諾 (Ac)	2	24	0	26	(0)
24 パキスタン	1976年 7月23日 批准 (R)	0	6	0	6	(0)
34 インド	1977年11月14日 批准 (R)	8	31＊33	1	40	(0)
36 ネパール	1978年 6月20日 受諾 (Ac)	2	2	0	4	(0)
45 アフガニスタン	1979年 3月20日 批准 (R)	0	2	0	2	(2)
52 スリランカ	1980年 6月 6日 受諾 (Ac)	2	6	0	8	(0)
75 バングラデシュ	1983年 8月 3日 受諾 (Ac)	1	2	0	3	(0)
82 ニュージーランド	1984年11月22日 批准 (R)	2	0	1	3	(0)
86 フィリピン	1985年 9月19日 批准 (R)	3	3	0	6	(0)
87 中国	1985年12月12日 批准 (R)	14	38＊50	4	56	(0)
88 モルジブ	1986年 5月22日 受諾 (Ac)	0	0	0	0	(0)
92 ラオス	1987年 3月20日 批准 (R)	0	3	0	3	(0)
95 タイ	1987年 9月17日 受諾 (Ac)	3	3	0	6	(0)
96 ヴェトナム	1987年10月19日 受諾 (Ac)	2	5	1	8	(0)
101 韓国	1988年 9月14日 受諾 (Ac)	2	13	0	15	(0)
105 マレーシア	1988年12月 7日 批准 (R)	2	2	0	4	(0)
107 インドネシア	1989年 7月 6日 受諾 (Ac)	4	5	0	9	(1)
109 モンゴル	1990年 2月 2日 受諾 (Ac)	2＊13 37	3	0	5	(0)
113 フィジー	1990年11月21日 批准 (R)	0	1	0	1	(0)
121 カンボジア	1991年11月28日 受諾 (Ac)	0	3	0	3	(0)
123 ソロモン諸島	1992年 6月10日 加入 (A)	1	0	0	1	(1)
124 日本	1992年 6月30日 受諾 (Ac)	5	20＊53	0	25	(0)
127 タジキスタン	1992年 8月28日 承継の通告(S)	1	1	0	2	(0)

ユネスコ世界遺産の概要

			自然	文化	複合	合計	
131	ウズベキスタン	1993年 1月13日 承継の通告(S)	1*32	4	0	5	(1)
137	ミャンマー	1994年 4月29日 受諾 (Ac)	0	2	0	2	(0)
138	カザフスタン	1994年 4月29日 受諾 (Ac)	2*32	3*50	0	5	(0)
139	トルクメニスタン	1994年 9月30日 承継の通告(S)	0	3	0	3	(0)
142	キルギス	1995年 7月 3日 受諾 (Ac)	1*32	2*50	0	3	(0)
150	パプア・ニューギニア	1997年 7月28日 受諾 (Ac)	0	1	0	1	(0)
155	朝鮮民主主義人民共和国	1998年 7月21日 受諾 (Ac)	0	2	0	2	(0)
159	キリバス	2000年 5月12日 受諾 (Ac)	1	0	0	1	(0)
162	ニウエ	2001年 1月23日 受諾 (Ac)	0	0	0	0	(0)
164	サモア	2001年 8月28日 受諾 (Ac)	0	0	0	0	(0)
166	ブータン	2001年10月22日 批准 (R)	0	0	0	0	(0)
170	マーシャル諸島	2002年 4月24日 受諾 (Ac)	0	1	0	1	(0)
172	パラオ	2002年 6月11日 受諾 (Ac)	0	0	1	1	(0)
173	ヴァヌアツ	2002年 6月13日 批准 (R)	0	1	0	1	(0)
174	ミクロネシア連邦	2002年 7月22日 受諾 (Ac)	0	1	0	1	(1)
178	トンガ	2004年 4月30日 受諾 (Ac)	0	0	0	0	(0)
186	クック諸島	2009年 1月16日 批准 (R)	0	0	0	0	(0)
188	ブルネイ	2011年 8月12日 批准 (R)	0	0	0	0	(0)
190	シンガポール	2012年 6月19日 批准 (R)	0	1	0	1	(0)
193	東ティモール	2016年10月31日 批准 (R)	0	0	0	0	(0)
	合計	36か国	70	195	12	277	(6)
		( )内は複数国にまたがる物件	(3)	(2)		(5)	

＜ヨーロッパ・北米＞締約国（51か国）　※国名の前の番号は、世界遺産条約の締約順。

	国　　名	世界遺産条約締約日	自然遺産	文化遺産	複合遺産	合計	【うち危機遺産】
1	アメリカ合衆国	1973年12月 7日 批准 (R)	12*6 7	11	1	24	(1)
4	ブルガリア	1974年 3月 7日 受諾 (Ac)	3*20	7	0	10	(0)
15	フランス	1975年 6月27日 受諾 (Ac)	6	42*15 25 33	1*10	49	(0)
18	キプロス	1975年 8月14日 受諾 (Ac)	0	3	0	3	(0)
19	スイス	1975年 9月17日 批准 (R)	4*23	9*21 25 33	0	13	(0)
22	ポーランド	1976年 6月29日 批准 (R)	2*3	15*14 29	0	17	(0)
23	カナダ	1976年 7月23日 受諾 (Ac)	10*6 7	9	1	20	(0)
25	ドイツ	1976年 8月23日 批准 (R)	3*20 22	48*14 16 25 33	0	51	(0)
28	ノルウェー	1977年 5月12日 批准 (R)	1	7*17	0	8	(0)
37	イタリア	1978年 6月23日 批准 (R)	5*20 23	53*5 21 25 36	0	58	(0)
41	モナコ	1978年11月 7日 批准 (R)	0	0	0	0	(0)
42	マルタ	1978年11月14日 受諾 (Ac)	0	3	0	3	(0)
47	デンマーク	1979年 7月25日 批准 (R)	3*22	7	0	10	(0)
53	ポルトガル	1980年 9月30日 批准 (R)	1	16*24	0	17	(0)
59	ギリシャ	1981年 7月17日 批准 (R)	0	16	2	18	(0)
63	スペイン	1982年 5月 4日 受諾 (Ac)	4*20	43*24 27	2*10	49	(0)
67	ヴァチカン	1982年10月 7日 加入 (A)	0	2*5	0	2	(0)
71	トルコ	1983年 3月16日 批准 (R)	0	17	2	19	(0)
76	ルクセンブルク	1983年 9月28日 批准 (R)	0	1	0	1	(0)
79	英国	1984年 5月29日 批准 (R)	4	28*16	1	33	(0)
83	スウェーデン	1985年 1月22日 批准 (R)	1*19	13*17	1	15	(0)
85	ハンガリー	1985年 7月15日 受諾 (Ac)	1*4	8*12	0	9	(0)
91	フィンランド	1987年 3月 4日 批准 (R)	1*19	6*17	0	7	(0)
102	ベラルーシ	1988年10月12日 批准 (R)	1*3	3*12	0	4	(0)

103 ロシア連邦	1988年10月12日 批准 (R)	11*[13]	19*[11][17]	0	30	(0)
<u>104 ウクライナ</u>	<u>1988年10月12日 批准 (R)</u>	<u>1*[20]</u>	<u>6*[17][29]</u>	<u>0</u>	<u>7</u>	(0)
108 アルバニア	1989年 7月10日 批准 (R)	1*[20]	2	1	4	(0)
110 ルーマニア	1990年 5月16日 受諾 (Ac)	2*[20]	7	0	9	(1)
116 アイルランド	1991年 9月16日 批准 (R)	0	2	0	2	(0)
119 サン・マリノ	1991年10月18日 批准 (R)	0	1	0	1	(0)
122 リトアニア	1992年 3月31日 受諾 (Ac)	0	4*[11][17]	0	4	(0)
125 クロアチア	1992年 7月 6日 承継の通告 (S)	2*[20]	8*[34][36]	0	10	(0)
126 オランダ	1992年 8月26日 受諾 (Ac)	1*[22]	11	0	12	(0)
128 ジョージア	1992年11月 4日 承継の通告 (S)	1	3	0	4	(0)
129 スロヴェニア	1992年11月 5日 承継の通告 (S)	2*[20]	3*[25][27]	0	5	(0)
130 オーストリア	1992年12月18日 批准 (R)	1*[20]	11*[12][25]	0	12	(1)
132 チェコ	1993年 3月26日 承継の通告 (S)	1	15	0	16	(0)
133 スロヴァキア	1993年 3月31日 承継の通告 (S)	2*[4][20]	6	0	8	(0)
134 ボスニア・ヘルツェゴヴィナ	1993年 7月12日 承継の通告 (S)	1	3*[34]	0	4	(0)
135 アルメニア	1993年 9月 5日 承継の通告 (S)	0	3	0	3	(0)
136 アゼルバイジャン	1993年12月16日 批准 (R)	0	3	0	3	(0)
140 ラトヴィア	1995年 1月10日 受諾 (Ac)	0	2*[17]	0	2	(0)
144 エストニア	1995年10月27日 批准 (R)	0	2*[17]	0	2	(0)
145 アイスランド	1995年12月19日 批准 (R)	2	1	0	3	(0)
146 ベルギー	1996年 7月24日 批准 (R)	1*[20]	14*[15][33]	0	15	(0)
147 アンドラ	1997年 1月 3日 受諾 (Ac)	0	1	0	1	(0)
148 北マケドニア	1997年 4月30日 承継の通告 (S)	0	0	1	1	(0)
157 イスラエル	1999年10月 6日 受諾 (Ac)	0	9	0	9	(0)
165 セルビア	2001年 9月11日 承継の通告 (S)	0	5*[34]	0	5	(1)
175 モルドヴァ	2002年 9月23日 批准 (R)	0	1*[17]	0	1	(0)
183 モンテネグロ	2006年 6月 3日 承継の通告 (S)	1	3*[34][36]	0	4	(0)
合計	50か国	66	468	11	545	(4)
	( ) 内は複数国にまたがる物件	(10)	(18)	(1)	(26)	

＜ラテンアメリカ・カリブ＞締約国（33か国）

※国名の前の番号は、世界遺産条約の締約順。

国 名	世界遺産条約締約日	自然遺産	文化遺産	複合遺産	合計	【うち危機遺産】
14 エクアドル	1975年 6月16日 受諾 (Ac)	2	3*[31]	0	5	(0)
26 ボリヴィア	1976年10月 4日 批准 (R)	1	6*[31]	0	7	(1)
29 ガイアナ	1977年 6月20日 受諾 (Ac)	0	0	0	0	(0)
32 コスタリカ	1977年 8月23日 批准 (R)	3*[8]	1	0	4	(0)
33 ブラジル	1977年 9月 1日 受諾 (Ac)	7	15*[9]	1	23	(0)
35 パナマ	1978年 3月 3日 批准 (R)	3*[8]	2	0	5	(0)
39 アルゼンチン	1978年 8月23日 受諾 (Ac)	5	6*[9][31][33]	0	11	(0)
43 グアテマラ	1979年 1月16日 批准 (R)	0	2	1	3	(0)
46 ホンジュラス	1979年 6月 8日 批准 (R)	1	1	0	2	(1)
48 ニカラグア	1979年12月17日 受諾 (Ac)	0	2	0	2	(0)
49 ハイチ	1980年 1月18日 批准 (R)	0	1	0	1	(0)
50 チリ	1980年 2月20日 批准 (R)	0	7*[31]	0	7	(1)
58 キューバ	1981年 3月24日 批准 (R)	2	7	0	9	(0)
62 ペルー	1982年 2月24日 批准 (R)	2	9*[31]	2	13	(1)
72 コロンビア	1983年 5月24日 受諾 (Ac)	2	6*[31]	1	9	(0)
73 ジャマイカ	1983年 6月14日 受諾 (Ac)	0	0	1	1	(0)
77 アンチグア・バーブーダ	1983年11月 1日 受諾 (Ac)	0	1	0	1	(0)
78 メキシコ	1984年 2月23日 受諾 (Ac)	6	27	2	35	(1)

					自然	文化	複合	合計	危機
84	ドミニカ共和国	1985年 2月12日	批准	(R)	0	1	0	1	(0)
89	セントキッツ・ネイヴィース	1986年 7月10日	受諾	(Ac)	0	1	0	1	(0)
99	パラグアイ	1988年 4月27日	批准	(R)	0	1	0	1	(0)
106	ウルグアイ	1989年 3月 9日	受諾	(Ac)	0	3	0	3	(0)
111	ヴェネズエラ	1990年10月30日	受諾	(Ac)	1	2	0	3	(1)
112	ベリーズ	1990年11月 6日	批准	(R)	1	0	0	1	(1)
117	エルサルバドル	1991年10月 8日	受諾	(Ac)	0	1	0	1	(0)
118	セントルシア	1991年10月14日	批准	(R)	1	0	0	1	(0)
141	ドミニカ国	1995年 4月 4日	批准	(R)	1	0	0	1	(0)
151	スリナム	1997年10月23日	受諾	(Ac)	1	1	0	2	(0)
154	グレナダ	1998年 8月13日	受諾	(Ac)	0	1	0	1	(0)
169	バルバドス	2002年 4月 9日	受諾	(Ac)	0	1	0	1	(0)
176	セント・ヴィンセントおよびグレナディーン諸島	2003年 2月 3日	批准	(R)	0	0	0	0	(0)
180	トリニダード・トバコ	2005年 2月16日	批准	(R)	0	0	0	0	(0)
191	バハマ	2014年 5月15日	批准	(R)	0	0	0	0	(0)
	合計	28か国			38	100	8	146	(6)
	( ) 内は複数国にまたがる物件				(1)	(3)		(4)	

		自然遺産	文化遺産	複合遺産	合計	【うち危機遺産】
総合計	167の国と地域	218	897	39	1154	(52)
	( ) 内は、複数国にまたがる物件の数	(16)	(20)	(3)	(39)	(1)

　(注)「批准」とは、いったん署名された条約を、署名した国がもち帰って再検討し、その条約に拘束されることについて、最終的、かつ、正式に同意すること。批准された条約は、批准書を寄託者に送付することによって正式に効力をもつ。多数国条約の寄託者は、それぞれの条約で決められるが、世界遺産条約は、国連教育科学文化機関(ユネスコ)事務局長を寄託者としている。「批准」、「受諾」、「加入」のどの手続きをとる場合でも、「条約に拘束されることについての国の同意」としての効果は同じだが、手続きの複雑さが異なる。この条約の場合、「批准」、「受諾」は、ユネスコ加盟国がこの条約に拘束されることに同意する場合、「加入」は、ユネスコ非加盟国が同意する場合にそれぞれ用いる手続き。「批准」と他の2つの最大の違いは、わが国の場合、天皇による認証という手順を踏むこと。「受諾」、「承認」、「加入」の3つは、手続的には大きな違いはなく、基本的には寄託する文書の書式、タイトルが違うだけである。

　(注) ＊複数国にまたがる世界遺産
①モシ・オア・トゥニャ（ヴィクトリア瀑布）	自然遺産	ザンビア、ジンバブエ	
②ニンバ山厳正自然保護区	自然遺産	ギニア、コートジボワール	★【危機遺産】
③ビャウォヴィエジャ森林	自然遺産	ベラルーシ、ポーランド	
④アグテレック・カルストとスロヴァキア・カルストの鍾乳洞群	自然遺産	ハンガリー、スロヴァキア	
⑤ローマ歴史地区、教皇領とサンパオロ・フォーリ・レ・ムーラ大聖堂	文化遺産	イタリア、ヴァチカン	
⑥クルエーン／ランゲルーセントエライアス／グレーシャーベイ／タッシェンシニ・アルセク	自然遺産	カナダ、アメリカ合衆国	
⑦ウォータートン・グレーシャー国際平和自然公園	自然遺産	カナダ、アメリカ合衆国	
⑧タラマンカ地方ーラ・アミスター保護区群／ラ・アミスター国立公園	自然遺産	コスタリカ、パナマ	
⑨グアラニー人のイエズス会伝道所	文化遺産	アルゼンチン、ブラジル	
⑩ピレネー地方ーペルデュー山	複合遺産	フランス、スペイン	
⑪クルシュ砂州	文化遺産	リトアニア、ロシア連邦	
⑫フェルトゥー・ノイジィードラーゼーの文化的景観	文化遺産	オーストリア、ハンガリー	
⑬ウフス・ヌール盆地	自然遺産	モンゴル、ロシア連邦	
⑭ムスカウ公園／ムザコフスキー公園	文化遺産	ドイツ、ポーランド	

⑮ベルギーとフランスの鐘楼群	文化遺産	ベルギー、フランス
⑯ローマ帝国の国境界線	文化遺産	英国、ドイツ
⑰シュトルーヴェの測地弧	文化遺産	ノルウェー、スウェーデン、フィンランド、エストニア、ラトヴィア、リトアニア、ロシア連邦、ベラルーシ、ウクライナ、モルドヴァ
⑱セネガンビアの環状列石群	文化遺産	ガンビア、セネガル
⑲ハイ・コースト／クヴァルケン群島	自然遺産	スウェーデン、フィンランド
⑳カルパチア山脈とヨーロッパの他の地域の原生ブナ林群	自然遺産	アルバニア、オーストリア、ベルギー、ボスニアヘルツェゴビナ、ブルガリア、クロアチア、チェコ、フランス、ドイツ、イタリア、北マケドニア、ポーランド、ルーマニア、スロヴェニア、スロヴァキア、スペイン、スイス、ウクライナ
㉑レーティシェ鉄道アルブラ線とベルニナ線の景観群	文化遺産	イタリア、スイス
㉒ワッデン海	自然遺産	ドイツ、オランダ
㉓モン・サン・ジョルジオ	自然遺産	イタリア、スイス
㉔コア渓谷とシエガ・ヴェルデの先史時代の岩壁画	文化遺産	ポルトガル、スペイン
㉕アルプス山脈周辺の先史時代の杭上住居群	文化遺産	スイス、オーストリア、フランス、ドイツ、イタリア、スロヴェニア
㉖サンガ川の三か国流域	自然遺産	コンゴ、カメルーン、中央アフリカ
㉗水銀の遺産、アルマデン鉱山とイドリャ鉱山	文化遺産	スペイン、スロヴェニア
㉘マロティ-ドラケンスバーグ公園	複合遺産	南アフリカ、レソト
㉙ポーランドとウクライナのカルパチア地方の木造教会群	文化遺産	ポーランド、ウクライナ
㉚シルクロード：長安・天山回廊の道路網	文化遺産	カザフスタン、キルギス、中国
㉛カパック・ニャン、アンデス山脈の道路網	文化遺産	コロンビア、エクアドル、ペルー、ボリヴィア、チリ、アルゼンチン
㉜西天山	自然遺産	カザフスタン、キルギス、ウズベキスタン
㉝ル・コルビュジエの建築作品−近代化運動への顕著な貢献	文化遺産	フランス、スイス、ベルギー、ドイツ、インド、日本、アルゼンチン
㉞ステチェツィの中世の墓碑群	文化遺産	ボスニア・ヘルツェゴヴィナ、クロアチア、セルビア、モンテネグロ
㉟W・アルリ・ペンジャリ国立公園遺産群	自然遺産	ニジェール、ベナン、ブルキナファソ
㊱16〜17世紀のヴェネツィアの防衛施設群：スタート・ダ・テーラ-西スタート・ダ・マール	文化遺産	イタリア、クロアチア、モンテネグロ
㊲ダウリアの景観群	自然遺産	モンゴル、ロシア連邦
㊳オフリッド地域の自然・文化遺産	複合遺産	北マケドニア、アルバニア
㊴エルツ山地の鉱山地域	文化遺産	チェコ、ドイツ
㊵博愛の植民地群	文化遺産	ベルギー、オランダ
㊶ローマ帝国の国境線-ドナウのリーメス（西部分）	文化遺産	オーストリア、ドイツ、ハンガリー、スロヴァキア
㊷ヨーロッパの大温泉群	文化遺産	オーストリア、ベルギー、チェコ、フランス、ドイツ、イタリア、英国
㊸ローマ帝国の国境線—低地ゲルマニアのリーメス	文化遺産	ドイツ／オランダ

⑨ 世界遺産条約締約国総会の開催歴

回 次	開催都市（国名）	開催期間
第1回	ナイロビ（ケニア）	1976年11月26日
第2回	パリ（フランス）	1978年11月24日
第3回	ベオグラード（ユーゴスラヴィア）	1980年10月 7日
第4回	パリ（フランス）	1983年10月28日

ユネスコ世界遺産の概要

第 5 回	ソフィア（ブルガリア）	1985年11月 4日
第 6 回	パリ（フランス）	1987年10月30日
第 7 回	パリ（フランス）	1989年11月 9日〜11月13日
第 8 回	パリ（フランス）	1991年11月 2日
第 9 回	パリ（フランス）	1993年10月29日〜10月30日
第10回	パリ（フランス）	1995年11月 2日〜11月 3日
第11回	パリ（フランス）	1997年10月27日〜10月28日
第12回	パリ（フランス）	1999年10月28日〜10月29日
第13回	パリ（フランス）	2001年11月 6日〜11月 7日
第14回	パリ（フランス）	2003年10月14日〜10月15日
第15回	パリ（フランス）	2005年10月10日〜10月11日
第16回	パリ（フランス）	2007年10月24日〜10月25日
第17回	パリ（フランス）	2009年10月23日〜10月28日
第18回	パリ（フランス）	2011年11月 7日〜11月 8日
第19回	パリ（フランス）	2013年11月19日〜11月21日
第20回	パリ（フランス）	2015年11月18日〜11月20日
第21回	パリ（フランス）	2017年11月14日〜11月15日
第22回	パリ（フランス）	2019年11月27日〜11月28日
第23回	パリ（フランス）	2021年11月24日〜11月26日
臨　時		
第 1 回	パリ（フランス）	2014年11月13日〜11月14日

⑩ 世界遺産委員会

　世界遺産条約第8条に基づいて設置された政府間委員会で、「世界遺産リスト」と「危機にさらされている世界遺産リスト」の作成、リストに登録された遺産の保全状態のモニター、世界遺産基金の効果的な運用の検討などを行う。

（世界遺産委員会における主要議題 ）

- ●定期報告（6年毎の地域別の世界遺産の状況、フォローアップ等）
- ●「危険にさらされている世界遺産リスト」に登録されている物件のその後の改善状況の報告、「世界遺産リスト」に登録されている物件のうちリアクティブ・モニタリングに基づく報告
- ●「世界遺産リスト」および「危険にさらされている世界遺産リスト」への登録物件の審議
  【新登録関係の世界遺産委員会の4つの決議区分】
  ① 登録（記載）（Inscription）　世界遺産リストに登録（記載）するもの。
  ② 情報照会（Referral）　追加情報の提出を求めた上で、次回以降の世界遺産委員会で再審議するもの。
  ③ 登録（記載）延期（Deferral）　より綿密な調査や登録推薦書類の抜本的な改定が必要なもの。登録推薦書類を再提出した後、約１年半をかけて再度、専門機関のIUCNやICOMOSの審査を受ける必要がある。
  ④ 不登録（不記載）（Decision not to inscribe）　登録（記載）にふさわしくないもの。例外的な場合を除いては、再度の登録推薦は不可。
- ●「世界遺産基金」予算の承認　と国際援助要請の審議
- ●グローバル戦略や世界遺産戦略の目標等の審議

⑪ 世界遺産委員会委員国

　世界遺産委員会委員国は、世界遺産条約締結国の中から、世界の異なる地域および文化が均等に代表される様に選ばれた、21か国によって構成される。任期は原則6年であるが、4年に短縮できる。2年毎に開かれる世界遺産条約締約国総会で改選される。世界遺産委員会ビューローは、毎年、世界遺産委員会によって選出された7か国(◎議長国 1、○副議長国 5、□ラポルチュール(報告担当国) 1)によって構成される。2022 年3月現在の世界遺産委員会の委員国は、下記の通り。
Dear Mr. Furuta,

　　エジプト、エチオピア、マリ、ナイジェリア、オーマン、タイ、ロシア連邦、
　　サウジアラビア、南アフリカ
　　　(任期 第42回ユネスコ総会の会期終了＜2023年11月頃＞まで)

　　オーストラリア、バーレーン、ボスニア・ヘルツェゴヴィナ、ブラジル、中国、グアテマラ、
　　ハンガリー、キルギス、ノルウェー、セントキッツ・ネイヴィース、スペイン、ウガンダ
　　　(任期 第41回ユネスコ総会の会期終了＜2021年11月頃＞まで)

＜第45回世界遺産委員会＞
　◎　**議長国**　ロシア連邦
　　　　議長：アレクサンダー・クズネツォフ氏(H.E.Mr Alexander Kuznetsov)
　　　　　　　ユネスコ全権大使
　○　**副議長国**　スペイン、セントキッツ・ネイヴィース、タイ、南アフリカ、サウジアラビア
　　　　　　　　Group IとGroup IIIからの副議長国は2021年11月末の臨時委員会で選出予定。
　□　**ラポルチュール(報告担当国)** 2021年11月末の臨時委員会で選出予定。

　◎　**議長国**　中国
　　　　議長：田学軍(H.E. Mr. Tian Xuejun)　中国教育部副部長
　○　**副議長国**　バーレーン、グアテマラ、ハンガリー、スペイン、ウガンダ
　□　**ラポルチュール(報告担当国)**　バーレーン　ミレイ・ハサルタン・ウォシンスキー
　　　　　　　　　　　　　　　　(Ms. Miray Hasaltun Wosinski)

＜第43回世界遺産委員会＞
　◎　**議長国**　アゼルバイジャン
　　　　議長：アブルファス・ガライェフ (H.E. Mr. Abulfaz Garayev)
　○　**副議長国**　ノルウェー、ブラジル、インドネシア、ブルキナファソ、チュニジア
　□　**ラポルチュール(報告担当国)**　オーストラリア　マハニ・テイラー (Ms. Mahani Taylor)

＜第42回世界遺産委員会＞
　◎　**議長国**　バーレーン
　　　　議長：シャイハ・ハヤ・ラシード・アル・ハリーファ氏(Sheikha Haya Rashed Al Khalifa)
　　　　　国際法律家
　○　**副議長国**　アゼルバイジャン、ブラジル、中国、スペイン、ジンバブエ
　□　**ラポルチュール(報告担当国)**　ハンガリー　アンナ・E.ツァイヒナー(Ms.Anna E. Zeichner)

＜第41回世界遺産委員会ビューロー＞
　◎　**議長国**　ポーランド
　　　　議長：ヤツェク・プルフラ氏 (Pro. Jacek Purchla)
　　　　　　　クラクフ国際文化センター所長、ポーランド・ユネスコ国内委員会会長
　○　**副議長国**　アンゴラ、クウェート、ペルー、ポルトガル、韓国
　□　**ラポルチュール(報告担当国)**　タンザニア　ムハマド・ジュマ氏 (Mr Muhammad Juma)

⑫ 世界遺産委員会の開催歴

通 常

回 次	開催都市（国名）	開催期間	登録物件数
第 1 回	パリ（フランス）	1977年 6月27日〜 7月 1日	0
第 2 回	ワシントン（アメリカ合衆国）	1978年 9月 5日〜 9月 8日	12
第 3 回	ルクソール（エジプト）	1979年10月22日〜10月26日	45
第 4 回	パリ（フランス）	1980年 9月 1日〜 9月 5日	28
第 5 回	シドニー（オーストラリア）	1981年10月26日〜10月30日	26
第 6 回	パリ（フランス）	1982年12月13日〜12月17日	24
第 7 回	フィレンツェ（イタリア）	1983年12月 5日〜12月 9日	29
第 8 回	ブエノスアイレス（アルゼンチン）	1984年10月29日〜11月 2日	23
第 9 回	パリ（フランス）	1985年12月 2日〜12月 6日	30
第10回	パリ（フランス）	1986年11月24日〜11月28日	31
第11回	パリ（フランス）	1987年12月 7日〜12月11日	41
第12回	ブラジリア（ブラジル）	1988年12月 5日〜12月 9日	27
第13回	パリ（フランス）	1989年12月11日〜12月15日	7
第14回	バンフ（カナダ）	1990年12月 7日〜12月12日	17
第15回	カルタゴ（チュニジア）	1991年12月 9日〜12月13日	22
第16回	サンタ・フェ（アメリカ合衆国）	1992年12月 7日〜12月14日	20
第17回	カルタヘナ（コロンビア）	1993年12月 6日〜12月11日	33
第18回	プーケット（タイ）	1994年12月12日〜12月17日	29
第19回	ベルリン（ドイツ）	1995年12月 4日〜12月 9日	29
第20回	メリダ（メキシコ）	1996年12月 2日〜12月 7日	37
第21回	ナポリ（イタリア）	1997年12月 1日〜12月 6日	46
第22回	京都（日本）	1998年11月30日〜12月 5日	30
第23回	マラケシュ（モロッコ）	1999年11月29日〜12月 4日	48
第24回	ケアンズ（オーストラリア）	2000年11月27日〜12月 2日	61
第25回	ヘルシンキ（フィンランド）	2001年12月11日〜12月16日	31
第26回	ブダペスト（ハンガリー）	2002年 6月24日〜 6月29日	9
第27回	パリ（フランス）	2003年 6月30日〜 7月 5日	24
第28回	蘇州（中国）	2004年 6月28日〜 7月 7日	34
第29回	ダーバン（南アフリカ）	2005年 7月10日〜 7月18日	24
第30回	ヴィリニュス（リトアニア）	2006年 7月 8日〜 7月16日	18
第31回	クライスト・チャーチ（ニュージーランド）	2007年 6月23日〜 7月 2日	22
第32回	ケベック（カナダ）	2008年 7月 2日〜 7月10日	27
第33回	セビリア（スペイン）	2009年 6月22日〜 6月30日	13
第34回	ブラジリア（ブラジル）	2010年 7月25日〜 8月 3日	21
第35回	パリ（フランス）	2011年 6月19日〜 6月29日	25
第36回	サンクトペテルブルク（ロシア連邦）	2012年 6月24日〜 7月 6日	26
第37回	プノンペン（カンボジア）	2013年 6月16日〜 6月27日	19
第38回	ドーハ（カタール）	2014年 6月15日〜 6月25日	26
第39回	ボン（ドイツ）	2015年 6月28日〜 7月 8日	24
第40回	イスタンブール（トルコ）	2016年 7月10日〜 7月17日＊	21
〃	パリ（フランス）	2016年10月24日〜10月26日＊	
第41回	クラクフ（ポーランド）	2017年 7月 2日〜 7月12日	21
第42回	マナーマ（バーレーン）	2018年 6月24日〜 7月 4日	19
第43回	バクー（アゼルバイジャン）	2019年 6月30日〜 7月10日	29
第44回	福州（中国）	2021年 7月16日〜 7月31日	34
第45回	カザン（ロシア連邦）	2022年 6月19日 〜6月30日	X

（注）当初登録された物件が、その後隣国を含めた登録地域の拡大・延長などで、新しい物件として統合・再登録された物件等を含む。

　＊トルコでの不測の事態により、当初の会期を3日間短縮、10月にフランスのパリで審議継続した。

ユネスコ世界遺産の概要

臨　時

回　次	開催都市（国名）	開催期間	登録物件数
第 1 回	パリ（フランス）	1981年 9月10日～ 9月11日	1
第 2 回	パリ（フランス）	1997年10月29日	
第 3 回	パリ（フランス）	1999年 7月12日	
第 4 回	パリ（フランス）	1999年10月30日	
第 5 回	パリ（フランス）	2001年 9月12日	
第 6 回	パリ（フランス）	2003年 3月17日～ 3月22日	
第 7 回	パリ（フランス）	2004年12月 6日～12月11日	
第 8 回	パリ（フランス）	2007年10月24日	
第 9 回	パリ（フランス）	2010年 6月14日	
第10回	パリ（フランス）	2011年11月 9日	
第11回	パリ（フランス）	2015年11月19日	
第12回	パリ（フランス）	2017年11月15日	
第13回	パリ（フランス）	2019年11月29日	
第14回	オンライン	2020年11月 2日	
第15回	オンライン	2021年 3月29日	

⑬ 世界遺産の種類

世界遺産には、自然遺産、文化遺産、複合遺産の3種類に分類される。

□自然遺産（Natural Heritage）

自然遺産とは、無生物、生物の生成物、または、生成物群からなる特徴のある自然の地域で、鑑賞上、または、学術上、「顕著な普遍的価値」（Outstanding Universal Value）を有するもの、そして、地質学的、または、地形学的な形成物および脅威にさらされている動物、または、植物の種の生息地、または、自生地として区域が明確に定められている地域で、学術上、保存上、または、景観上、「顕著な普遍的価値」を有するものと定義することが出来る。

　地球上の顕著な普遍的価値をもつ自然景観、地形・地質、生態系、生物多様性などを有する自然遺産の数は、**2022 年3月現在、218物件。**

大地溝帯のケニアの湖水システム(ケニア)、セレンゲティ国立公園(タンザニア)、キリマンジャロ国立公園(タンザニア)、モシ・オア・トゥニャ〈ヴィクトリア瀑布〉(ザンビア／ジンバブエ)、サガルマータ国立公園(ネパール)、スマトラの熱帯雨林遺産(インドネシア)、屋久島(日本)、白神山地(日本)、知床(日本)、小笠原諸島(日本)、奄美大島、徳之島、沖縄島北部及び西表島 (日本)、グレート・バリア・リーフ(オーストラリア)、スイス・アルプス ユングフラウ・アレッチ(スイス)、イルリサート・アイスフィヨルド(デンマーク)、バイカル湖 (ロシア連邦)、カナディアン・ロッキー山脈公園(カナダ)、グランド・キャニオン国立公園(アメリカ合衆国)、エバーグレーズ国立公園(アメリカ合衆国)、レヴィジャヒヘド諸島(メキシコ)、ガラパゴス諸島(エクアドル)、イグアス国立公園(ブラジル／アルゼンチン) などがその代表的な物件。

□文化遺産（Cultural Heritage）

文化遺産とは、歴史上、芸術上、または、学術上、「顕著な普遍的価値」（Outstanding Universal Value）を有する記念物、建築物群、記念的意義を有する彫刻および絵画、考古学的な性質の物件および構造物、金石文、洞穴居ならびにこれらの物件の組合せで、歴史的、芸術上、または、学術上、「顕著な普遍的価値」を有するものをいう。

遺跡（Sites）とは、自然と結合したものを含む人工の所産および考古学的遺跡を含む区域で、歴史上、芸術上、民族学上、または、人類学上、「顕著な普遍的価値」を有するものをいう。

建造物群（Groups of buildings）とは、独立し、または、連続した建造物の群で、その建築様式、均質性、または、景観内の位置の為に、歴史上、芸術上、または、学術上、「顕著な普遍的価値」を有するものをいう。

　モニュメント（Monuments）とは、建築物、記念的意義を有する彫刻および絵画、考古学的な性質の物件および構造物、金石文、洞穴居ならびにこれらの物件の組合せで、歴史的、芸術上、または、学術上、「顕著な普遍的価値」を有するものをいう。

　人類の英知と人間活動の所産を様々な形で語り続ける顕著な普遍的価値をもつ遺跡、建造物群、モニュメントなどの文化遺産の数は、**2022 年3月現在、897物件**。

メンフィスとそのネクロポリス／ギザからダハシュールまでのピラミッド地帯(エジプト)、バビロン（イラク）、ペルセポリス(イラン)、サマルカンド(ウズベキスタン)、タージ・マハル(インド)、アンコール(カンボジア)、万里の長城（中国)、高句麗古墳群 (北朝鮮)、古都京都の文化財(日本)、厳島神社(日本)、白川郷と五箇山の合掌造り集落(日本)、北海道・北東北の縄文遺跡群 (日本)、アテネのアクロポリス(ギリシャ)、ローマ歴史地区 (イタリア)、ヴェルサイユ宮殿と庭園(フランス)、アルタミラ洞窟(スペイン)、ストーンヘンジ(英国)、ライン川上中流域の渓谷（ドイツ)、プラハの歴史地区(チェコ)、アウシュヴィッツ強制収容所(ポーランド)、クレムリンと赤の広場 (ロシア連邦)、自由の女神像(アメリカ合衆国)、テオティワカン古代都市(メキシコ)、クスコ市街(ペルー)、ブラジリア(ブラジル)、ウマワカの渓谷(アルゼンチン) などがその代表的な物件。

　文化遺産の中で、**文化的景観**（Cultural Landscapes) という概念に含まれる物件がある。
　文化的景観とは、「人間と自然環境との共同作品」とも言える景観。文化遺産と自然遺産との中間的な存在で、現在は文化遺産の分類に含められており、次の三つのカテゴリーに分類することができる。

　　1）庭園、公園など人間によって意図的に設計され創造されたと明らかに定義できる景観
　　2）棚田など農林水産業などの産業と関連した有機的に進化する景観で、
　　　　次の2つのサブ・カテゴリーに分けられる。
　　　　①残存する(或は化石)景観 （a relict (or fossil) landscape）
　　　　②継続中の景観 （continuing landscape）
　　3）聖山など自然的要素が強い宗教、芸術、文化などの事象と関連する文化的景観

コンソ族の文化的景観(エチオピア)、アハサー・オアシス、進化する文化的景観 (サウジアラビア)、オルホン渓谷の文化的景観(モンゴル)、杭州西湖の文化的景観(中国)、紀伊山地の霊場と参詣道(日本)、石見銀山遺跡とその文化的景観（日本)、バジ・ビムの文化的景観(オーストラリア)、フィリピンのコルディリェラ山脈の棚田(フィリピン)、シンクヴェトリル国立公園(アイスランド)、シントラの文化的景観(ポルトガル)、グラン・カナリア島の文化的景観のリスコ・カイド洞窟と聖山群 (スペイン)、ザルツカンマーグート地方のハルシュタットとダッハシュタインの文化的景観(オーストリア)、トカイ・ワイン地方の歴史的・文化的景観(ハンガリー)、ペルガモンとその多層的な文化的景観(トルコ)、ヴィニャーレス渓谷(キューバ)、パンプーリャ湖近代建築群(ブラジル) などがこの範疇に入る。

　□複合遺産 （Cultural and Natural Heritage）

　自然遺産と文化遺産の両方の要件を満たしている物件が**複合遺産**で、最初から複合遺産として登録される場合と、はじめに、自然遺産、あるいは、文化遺産として登録され、その後、もう一方の遺産としても評価されて複合遺産となる場合がある。

　世界遺産条約の本旨である自然と文化との結びつきを代表する複合遺産の数は、
2022 年3月現在、39物件。

ワディ・ラム保護区 (ヨルダン)、カンチェンジュンガ国立公園 (インド)、泰山 (中国)、チャンアン景観遺産群（ヴェトナム)、ウルル・カタジュタ国立公園 (オーストラリア)、トンガリロ国立公園 (ニュージーランド)、ギョレメ国立公園とカッパドキア (トルコ)、メテオラ (ギリシャ)、ピレネー地方−ペルデュー山 (フランス／スペイン)、ティカル国立公園 (グアテマラ)、マチュ・ピチュの歴史保護区 (ペルー) 、パラチとイーリャ・グランデ−文化と生物多様性(ブラジル)などが代表的な物件。

⑭ ユネスコ世界遺産の登録要件

ユネスコ世界遺産の登録要件は、世界的に「顕著な普遍的価値」（outstanding universal value）を有することが前提であり、世界遺産委員会が定めた世界遺産の登録基準（クライテリア）の一つ以上を完全に満たしている必要がある。また、世界遺産としての価値を将来にわたって継承していく為の保護管理措置が担保されていることが必要である。

⑮ ユネスコ世界遺産の登録基準

世界遺産委員会が定める世界遺産の登録基準（クライテリア）が設けられており、このうちの一つ以上の基準を完全に満たしていることが必要。

(i) 人類の創造的天才の傑作を表現するもの。→人類の創造的天才の傑作

(ii) ある期間を通じて、または、ある文化圏において、建築、技術、記念碑的芸術、町並み計画、景観デザインの発展に関し、人類の価値の重要な交流を示すもの。→人類の価値の重要な交流を示すもの

(iii) 現存する、または、消滅した文化的伝統、または、文明の、唯一の、または、少なくとも稀な証拠となるもの。→文化的伝統、文明の稀な証拠

(iv) 人類の歴史上、重要な時代を例証する、ある形式の造造物、建築物群、技術の集積、または、景観の顕著な例。→歴史上、重要な時代を例証する優れた例

(v) 特に、回復困難な変化の影響下で損傷されやすい状態にある場合における、ある文化（または、複数の文化）或は、環境と人間との相互作用を代表する伝統的集落、または、土地利用の顕著な例。→存続が危ぶまれている伝統的集落、土地利用の際立つ例

(vi) 顕著な普遍的な意義を有する出来事、現存する伝統、思想、信仰、または、芸術的、文学的作品と、直接に、または、明白に関連するもの。→普遍的出来事、伝統、思想、信仰、芸術、文学的作品と関連するもの

(vii) もっともすばらしい自然的現象、または、ひときわすぐれた自然美をもつ地域、及び、美的な重要性を含むもの。→自然景観

(viii) 地球の歴史上の主要な段階を示す顕著な見本であるもの。これには、生物の記録、地形の発達における重要な地学的進行過程、或は、重要な地形的、または、自然地理的特性などが含まれる。→地形・地質

(ix) 陸上、淡水、沿岸、及び、海洋生態系と動植物群集の進化と発達において、進行しつつある重要な生態学的、生物学的プロセスを示す顕著な見本であるもの。→生態系

(x) 生物多様性の本来的保全にとって、もっとも重要かつ意義深い自然生息地を含んでいるもの。これには、科学上、または、保全上の観点から、すぐれて普遍的価値をもつ絶滅の恐れのある種が存在するものを含む。→生物多様性

(注) → は、わかりやすい覚え方として、当シンクタンクが言い換えたものである。

⑯ ユネスコ世界遺産に登録されるまでの手順

ユネスコ世界遺産の概要

　世界遺産リストへの登録物件の推薦は、個人や団体ではなく、世界遺産条約を締結した各国政府が行う。日本では、文化遺産は文化庁、自然遺産は環境省と林野庁が中心となって決定している。
　ユネスコの「世界遺産リスト」に登録されるプロセスは、政府が暫定リストに基づいて、パリに事務局がある世界遺産委員会に推薦し、自然遺産については、IUCN（国際自然保護連合）、文化遺産については、ICOMOS（イコモス　国際記念物遺跡会議）の専門的な評価報告書（ICCROM（イックロム　文化財保存修復研究国際センター）の助言などに基づいて審議され、世界遺産リストへの登録の可否が決定される。

　IUCN（The World Conservation Union　国際自然保護連合、以前は、自然及び天然資源の保全に関する国際同盟＜International Union for Conservation of Nature and Natural Resources＞）は、国連環境計画（UNEP）、ユネスコ（UNESCO）などの国連機関や世界自然保護基金（WWF）などの協力の下に、野生生物の保護、自然環境及び自然資源の保全に係わる調査研究、発展途上地域への支援などを行っているほか、絶滅のおそれのある世界の野生生物を網羅したレッド・リスト等を定期的に刊行している。
　世界遺産との関係では、IUCNは、世界遺産委員会への諮問機関としての役割を果たしている。自然保護や野生生物保護の専門家のワールド・ワイドなネットワークを通じて、自然遺産に推薦された物件が世界遺産にふさわしいかどうかの専門的な評価、既に世界遺産に登録されている物件の保全状態のモニタリング（監視）、締約国によって提出された国際援助要請の審査、人材育成活動への支援などを行っている。

　ICOMOS（International Council of Monuments and Sites　国際記念物遺跡会議）は、本部をフランス、パリに置く国際的な非政府組織（NGO）である。1965年に設立され、建築遺産及び考古学的遺産の保全のための理論、方法論、そして、科学技術の応用を推進することを目的としている。1964年に制定された「記念建造物および遺跡の保全と修復のための国際憲章」（ヴェネチア憲章）に示された原則を基盤として活動している。
　世界遺産条約に関するICOMOSの役割は、「世界遺産リスト」への登録推薦物件の審査＜現地調査（夏〜秋）、イコモスパネル（11月末〜12月初）、中間報告（1月中）＞、文化遺産の保存状況の監視、世界遺産条約締約国から提出された国際援助要請の審査、人材育成への助言及び支援などである。

【新登録候補物件の評価結果についての世界遺産委員会への4つの勧告区分】

① 登録（記載）勧告 （Recommendation for Inscription）	世界遺産としての価値を認め、世界遺産リストへの登録（記載）を勧める。
② 情報照会勧告 （Recommendation for Referral）	世界遺産としての価値は認めるが、追加情報の提出を求めた上で、次回以降の世界遺産委員会での審議を勧める。
③ 登録（記載）延期勧告 （Recommendation for Deferral）	より綿密な調査や登録推薦書類の抜本的な改定が必要なもの。登録推薦書類を再提出した後、約1年半をかけて、再度、専門機関のIUCNやICOMOSの審査を受けることを勧める。
④ 不登録（不記載）勧告 （Not recommendation for Inscription）	登録（記載）にふさわしくないもの。例外的な場合を除いて再推薦は不可とする。

　ICCROM（International Centre for the Study of the Preservation and Restoration of Cultural Property文化財保存及び修復の研究のための国際センター）は、本部をイタリア、ローマにおく国際的な政府間機関（IGO）である。ユネスコによって1956年に設立され、不動産・動産の文化遺産の保全強化を目的とした研究、記録、技術支援、研修、普及啓発を行うことを目的としている。
　世界遺産条約に関するICCROMの役割は、文化遺産に関する研修において主導的な協力機関であること、文化遺産の保存状況の監視、世界遺産条約締約国から提出された国際援助要請の審査、人材育成への助言及び支援などである。

⑰ 世界遺産暫定リスト

　世界遺産暫定リストとは、各世界遺産条約締約国が「世界遺産リスト」へ登録することがふさわしいと考える、自国の領域内に存在する物件の目録である。

　従って、世界遺産条約締約国は、各自の世界遺産暫定リストに、将来、登録推薦を行う意思のある物件の名称を示す必要がある。

　2022 年3月現在、世界遺産暫定リストに登録されている物件は、1729物件（179か国）であり、世界遺産暫定リストを、まだ作成していない国は、作成が必要である。また、追加や削除など、世界遺産暫定リストの定期的な見直しが必要である。

⑱ 危機にさらされている世界遺産（略称　危機遺産　★【危機遺産】 52物件）

　ユネスコの「危機にさらされている世界遺産リスト」には、2022 年3月現在、34の国と地域にわたって自然遺産が16物件、文化遺産が36物件の合計52物件が登録されている。地域別に見ると、アフリカが15物件、アラブ諸国が21物件、アジア・太平洋地域が6物件、ヨーロッパ・北米が4物件、ラテンアメリカ・カリブが6物件となっている。

　危機遺産になった理由としては、地震などの自然災害によるもの、民族紛争などの人為災害によるものなど多様である。世界遺産は、今、イスラム国などによる攻撃、破壊、盗難の危機にさらされている。こうした危機から回避していく為には、戦争や紛争のない平和な社会を築いていかなければならない。それに、開発と保全のあり方も多角的な視点から見つめ直していかなければならない。

　「危機遺産リスト」に登録されても、その後改善措置が講じられ、危機的状況から脱した場合は、「危機遺産リスト」から解除される。一方、一旦解除されても、再び危機にさらされた場合には、再度、「危機遺産リスト」に登録される。一向に改善の見込みがない場合には、「世界遺産リスト」そのものからの登録抹消もありうる。

　現在までの「危機遺産」の登録及び解除の変遷は、52頁から53頁の表の通り。

⑲ 危機にさらされている世界遺産リストへの登録基準

　世界遺産委員会が定める危機にさらされている世界遺産リスト（List of the World Heritage in Danger）への登録基準は、以下の通りで、いずれか一つに該当する場合に登録される。

〔自然遺産の場合〕

(1)　**確認危険**　　遺産が特定の確認された差し迫った危険に直面している、例えば、

　　　a．法的に遺産保護が定められた根拠となった顕著で普遍的な価値をもつ種で、絶滅の危機にさらされている種やその他の種の個体数が、病気などの自然要因、或は、密猟・密漁などの人為的要因などによって著しく低下している
　　　b．人間の定住、遺産の大部分が氾濫するような貯水池の建設、産業開発や、農薬や肥料の使用を含む農業の発展、大規模な公共事業、採掘、汚染、森林伐採、燃料材の採取などによって、遺産の自然美や学術的価値が重大な損壊を被っている
　　　c．境界や上流地域への人間の侵入により、遺産の完全性が脅かされる

(2)　**潜在危険**　　遺産固有の特徴に有害な影響を与えかねない脅威に直面している、例えば、

　　　a．指定地域の法的な保護状態の変化
　　　b．遺産内か、或は、遺産に影響が及ぶような場所における再移住計画、或は、開発事業
　　　c．武力紛争の勃発、或は、その恐れ
　　　d．保護管理計画が欠如しているか、不適切か、或は、十分に実施されていない

〔文化遺産の場合〕

(1) **確認危険**　遺産が特定の確認された差し迫った危険に直面している、例えば、

  a. 材質の重大な損壊
  b. 構造、或は、装飾的な特徴の重大な損壊
  c. 建築、或は、都市計画の統一性の重大な損壊
  d. 都市、或は、地方の空間、或は、自然環境の重大な損壊
  e. 歴史的な真正性の重大な喪失
  f. 文化的な意義の大きな喪失

(2) **潜在危険**　遺産固有の特徴に有害な影響を与えかねない脅威に直面している、例えば、

  a. 保護の度合いを弱めるような遺産の法的地位の変化
  b. 保護政策の欠如
  c. 地域開発計画による脅威的な影響
  d. 都市開発計画による脅威的な影響
  e. 武力紛争の勃発、或は、その恐れ
  f. 地質、気象、その他の環境的な要因による漸進的変化

20 監視強化メカニズム

　監視強化メカニズム（Reinforced Monitoring Mechanism略称：RMM）とは、2007年4月に開催されたユネスコの第176回理事会で採択された「世界遺産条約の枠組みの中で、世界遺産委員会の決議の適切な履行を確保する為のメカニズムを世界遺産委員会で提案すること」の事務局長への要請を受け、2007年の第31回世界遺産委員会で採択された新しい監視強化メカニズムのことである。RMMの目的は、「顕著な普遍的価値」の喪失につながりかねない突発的、偶発的な原因や理由で、深刻な危機的状況に陥った現場に専門家を速やかに派遣、監視し、次の世界遺産委員会での決議を待つまでもなく可及的速やかな対応や緊急措置を講じられる仕組みである。

21 世界遺産リストからの登録抹消

　ユネスコの世界遺産は、「世界遺産リスト」への登録後において、下記のいずれかに該当する場合、世界遺産委員会は、「世界遺産リスト」から登録抹消の手続きを行なうことが出来る。

 1) 世界遺産登録を決定づけた物件の特徴が失われるほど物件の状態が悪化した場合。
 2) 世界遺産の本来の特質が、登録推薦の時点で、既に、人間の行為によって脅かされており、かつ、その時点で世界遺産条約締約国によりまとめられた必要な改善措置が、予定された期間内に講じられなかった場合。

これまでの登録抹消の事例としては、下記の3つの事例がある。

●オマーン 「アラビアン・オリックス保護区」
    （自然遺産　1994年世界遺産登録　2007年登録抹消）
    ＜理由＞油田開発の為、オペレーショナル・ガイドラインズに違反し世界遺産の登録
      範囲を勝手に変更したことによる世界遺産登録時の完全性の喪失。
●ドイツ 「ドレスデンのエルベ渓谷」
    （文化遺産　2004年世界遺産登録　★【危機遺産】2006年登録　2009年登録抹消）
    ＜理由＞文化的景観の中心部での橋の建設による世界遺産登録時の完全性の喪失。
●英国 「リヴァプール−海商都市」
    （文化遺産 2004年世界遺産登録　★【危機遺産】2012年登録　2021年登録抹消）
    ＜理由＞19世紀の面影を残す街並みが世界遺産に登録されていたが、
      その後の都市開発で歴史的景観が破壊された。

22 世界遺産基金

　世界遺産基金とは、世界遺産の保護を目的とした基金で、2020〜2021年(2年間)の予算は、5.6百万米ドル。世界遺産条約が有効に機能している最大の理由は、この世界遺産基金を締約国に義務づけることにより世界遺産保護に関わる援助金を確保できることであり、その使途については、世界遺産委員会等で審議される。

　日本は、世界遺産基金への分担金として、世界遺産条約締約後の1993年には、762,080US$(1992年／1993年分を含む)、その後、

1994年 395,109US$、	1995年 443,903US$、	1996年 563,178 US$、
1997年 571,108US$、	1998年 641,312US$、	1999年 677,834US$、 2000年 680,459US$、
2001年 598,804US$、	2002年 598,804US$、	2003年 598,804US$、 2004年 597,038US$、
2005年 597,038US$、	2006年 509,350US$、	2007年 509,350US$、 2008年 509,350US$、
2009年 509,350US$、	2010年 409,137US$、	2011年 409,137US$、 2012年 409,137US$、
2013年 353,730US$、	2014年 353,730US$、	2015年 353,730US$、 2016年 316,019US$
2017年 316,019US$、	2018年 316,019US$、	2019年 279,910US$ 2020年 279,910US$
2021年 289,367US$を拠出している。		

(1) 世界遺産基金の財源

□世界遺産条約締約国に義務づけられた分担金(ユネスコに対する分担金の1%を上限とする額)
□各国政府の自主的拠出金、団体・機関(法人)や個人からの寄付金

(2021年予算の分担金または任意拠出金の支払予定上位国)

❶米国*	637,743 US$	❷中国	405,643 US$	❸日本	289,367 US$
❹ドイツ	203,834 US$	❺フランス	151,669 US$	❻英国	149,275 US$
❼ブラジル	110,595 US$	❽イタリア	111,746 US$	❾カナダ	92,371 US$
❿ロシア連邦	78,614 US$	⓫韓国	76,610 US$	⓬オーストラリア	74,672 US$
⓭スペイン	72,525 US$	⓮トルコ	44,803 US$	⓯オランダ	44,322 US$
⓰メキシコ	43,646 US$	⓱サウジアラビア	39,614 US$	⓲スイス	38,884 US$
⓳スウェーデン	30,607 US$	⓴ベルギー	27,753 US$		

*米国は、2018年12月末にユネスコを脱退したが、これまでの滞納額は支払い義務あり。

世界遺産基金 (The World Heritage Fund／Fonds du Patrimoine Mondial)

● UNESCO account No. 949-1-191558 　　　　　　　　(US$)
　CHASE MANHATTAN BANK　4 Metrotech Center,Brooklyn,New York,NY 11245 USA
　SWIFT CODE:CHASUS33-ABA No.0210-0002-1
● UNESCO account No. 30003-03301-00037291180-53 　　($ EU)
　Societe Generale　106 rue Saint-Dominique 75007 paris　FRANCE
　SWIFT CODE:SOGE FRPPAFS

（2）世界遺産基金からの国際援助の種類と援助実績

①世界遺産登録の準備への援助（Preparatory Assistance）

＜例示＞
●マダガスカル　アンタナナリボのオートヴィル　30,000 US＄

②保全管理への援助（Conservation and Management Assistance）

＜例示＞
●ラオス　ラオスにおける世界遺産保護の為の
遺産影響評価の為の支援　44,500 US＄

●スリランカ　古代都市シギリヤ
（1982年世界遺産登録）の保全管理　91,212 US＄

●北マケドニア　オフリッド地域の自然・文化遺産
（1979年／1980年／2009年／2019年世界遺産登録）
の文化と遺産管理の強化　55,000 US＄

③緊急援助（Emergency Assistance）

＜例示＞
●ガンビア　クンタ・キンテ島と関連遺跡群（2003年世界遺産登録）
のCFAOビルの屋根の復旧　5,025 US＄

23 ユネスコ文化遺産保存日本信託基金

ユネスコが日本政府の拠出金によって設置している日本信託基金には、次の様な基金がある。

○ユネスコ文化遺産保存信託基金（外務省所管）
○ユネスコ人的資源開発信託基金（外務省所管）
○ユネスコ青年交流信託基金（文部科学省所管）
○万人のための教育信託基金（文部科学省所管）
○持続可能な開発のための教育信託基金（文部科学省所管）
○ユネスコ地球規模の課題の解決のための科学事業信託基金（文部科学省所管）
○ユネスコ技術援助専門家派遣信託基金（文部科学省所管）
○エイズ教育特別信託基金（文部科学省所管）
○アジア太平洋地域教育協力信託基金（文部科学省所管）

これらのうち、ユネスコ文化遺産保存日本信託基金による主な実施中の案件は、次の通り。

●カンボジア「アンコール遺跡」　国際調整委員会等国際会議の開催　1990年～
保存修復事業等　1994年～
●ネパール「カトマンズ渓谷」　ダルバール広場の文化遺産の復旧・復興　2015年～
●ネパール「ルンビニ遺跡」　建造物等保存措置、考古学調査、統合的マスタープラン
策定、管理プロセスのレビュー、専門家育成　2010年～

- ミャンマー「バガン遺跡」　　　　遺跡保存水準の改善、人材養成　2014年〜2016年
- アフガニスタン「バーミヤン遺跡」　壁画保存、マスタープランの策定、東大仏仏龕の固定、
　　　　　　　　　　　　　　　　　　西大仏龕奥壁の安定化　2003年〜
- ボリヴィア「ティワナク遺跡」　　　管理計画の策定、人材育成（保存管理、発掘技術等）
　　　　　　　　　　　　　　　　　　2008年〜
- カザフスタン、キルギス、タジキスタン、トルクメニスタン、ウズベキスタン
　「シルクロード世界遺産推薦　　　遺跡におけるドキュメンテーション実地訓練・人材育成
　ドキュメンテーション支援」　　　2010年〜
- カーボヴェルデ、サントメ・プリンシペ、コモロ、モーリシャス、セーシェル、モルディブ、
　ミクロネシア、クック諸島、ニウエ、トンガ、ツバル、ナウル、アンティグア・バーブーダ、
　バハマ、バルバドス、ベリーズ、キューバ、ドミニカ、グレナダ、ガイアナ、ジャマイカ、
　セントクリストファー・ネーヴィス、セントルシア、セントビンセント・グレナディーン、
　スリナム、トリニダード・トバコ
　「小島嶼開発途上国における世界遺産サイト保護支援」
　　　　　　　　　　　　　　　　　　能力形成及び地域共同体の持続可能な開発の強化
　　　　　　　　　　　　　　　　　　2011年〜2016年
- ウガンダ「カスビ王墓再建事業」　リスク管理及び火災防止、藁葺き技術調査、能力形成
　　　　　　　　　　　　　　　　　　2013年〜
- グアテマラ「ティカル遺跡保存事業」北アクロポリスの3Dデータの収集及び登録，人材育成
　　　　　　　　　　　　　　　　　　2016年〜
- ブータン「南アジア文化的景観支援」ワークショップの開催　2016年〜
- アルゼンチン、ボリビア、チリ、コロンビア、エクアドル、ペルー
　「カパック・ニャンーアンデス道路網の保存支援事業」　モニタリングシステムの設置及び実施
　　　　　　　　　　　　　　　　　　2016年〜
- セネガル「ゴレ島の護岸保護支援」ゴレ島南沿岸の緊急対策措置（波止場の再建、世界遺産
　　　　　　　　　　　　　　　　　　サイト管理サービスの設置等）　2016年〜
- アルジェリア「カスバの保護支援事業」専門家会合の開催　2016年〜

24 日本の世界遺産条約の締結とその後の世界遺産登録

1992年 6月19日　世界遺産条約締結を国会で承認。
1992年 6月26日　受諾の閣議決定。
1992年 6月30日　受諾書寄託、125番目*の世界遺産条約締約国となる。
　　　　　　　　　*現在は、旧ユーゴスラヴィアの解体によって、締約国リスト上では、124番目になっている。
1992年 9月30日　わが国について発効。
1992年10月　　　ユネスコに、奈良の寺院・神社、姫路城、日光の社寺、鎌倉の寺院・神社、法隆寺
　　　　　　　　　の仏教建造物、厳島神社、彦根城、琉球王国の城・遺産群、白川郷の集落、京都
　　　　　　　　　の社寺、白神山地、屋久島の12件の暫定リストを提出。
1993年12月　　　第17回世界遺産委員会カルタヘナ会議から世界遺産委員会委員国（任期6年）
　　　　　　　　　世界遺産リストに「法隆寺地域の仏教建造物」、「姫路城」、「屋久島」、「白神山地」
　　　　　　　　　の4件が登録される。
1994年11月　　　「世界文化遺産奈良コンファレンス」を奈良市で開催。
　　　　　　　　　「オーセンティシティに関する奈良ドキュメント」を採択。
1994年12月　　　世界遺産リストに「古都京都の文化財（京都市、宇治市、大津市）」が登録される。
1995年 9月　　　ユネスコの暫定リストに原爆ドームを追加。
1995年12月　　　世界遺産リストに「白川郷・五箇山の合掌造り集落」が登録される。
1996年12月　　　世界遺産リストに「広島の平和記念碑（原爆ドーム）」、「厳島神社」の2件が
　　　　　　　　　登録される。

1998年11月30日 〜12月 5日	第22回世界遺産委員会京都会議（議長：松浦晃一郎氏）
1998年12月	世界遺産リストに「古都奈良の文化財」が登録される。
1999年11月	松浦晃一郎氏が日本人として初めてユネスコ事務局長（第8代）に就任。
1999年12月	世界遺産リストに「日光の社寺」が登録される。
2000年5月18〜21日	世界自然遺産会議・屋久島2000
2000年12月	世界遺産リストに「琉球王国のグスク及び関連遺産群」が登録される。
2001年 4月 6日	ユネスコの暫定リストに「平泉の文化遺産」、「紀伊山地の霊場と参詣道」、「石見銀山遺跡」の3件を追加。
2001年 9月 5日 〜9月10日	アジア・太平洋地域における信仰の山の文化的景観に関する専門家会議を和歌山市で開催。
2002年 6月30日	世界遺産条約受諾10周年。
2003年12月	第27回世界遺産委員会マラケシュ会議から2回目の世界遺産委員会委員国（任期4年）
2004年 6月	文化財保護法の一部改正によって、新しい文化財保護の手法として「文化的景観」が新設され、「重要文化的景観」の選定がされるようになった。
2004年 7月	世界遺産リストに「紀伊山地の霊場と参詣道」が登録される。
2005年 7月	世界遺産リストに「知床」が登録される。
2005年10月15〜17日	第2回世界自然遺産会議　白神山地会議
2007年 1月30日	ユネスコの暫定リストに「富岡製糸場と絹産業遺産群」、「小笠原諸島」、「長崎の教会群とキリスト教関連遺産」、「飛鳥・藤原-古代日本の宮都と遺跡群」、「富士山」の5件を追加。
2007年 7月	世界遺産リストに「石見銀山遺跡とその文化的景観」が登録される。
2007年 9月14日	ユネスコの暫定リストに「国立西洋美術館本館」を追加。
2008年 6月	第32回世界遺産委員会ケベック・シティ会議で、「平泉-浄土思想を基調とする文化的景観-」の世界遺産リストへの登録の可否が審議され、わが国の世界遺産登録史上初めての「登録延期」となる。2011年の登録実現をめざす。
2009年 1月 5日	ユネスコの暫定リストに「北海道・北東北を中心とした縄文遺跡群」、「九州・山口の近代化産業遺産群」、「宗像・沖ノ島と関連遺産群」の3件を追加。
2009年 6月	第33回世界遺産委員会セビリア会議で、「ル・コルビジュエの建築と都市計画」（構成資産のひとつが「国立西洋美術館本館」）の世界遺産リストへの登録の可否が審議され、「情報照会」となる。
2009年10月1日〜2015年3月18日	国宝「姫路城」大天守、保存修理工事。
2010年 6月	ユネスコの暫定リストに「百舌鳥・古市古墳群」、「金を中心とする佐渡鉱山の遺産群」の2件を追加することを、文化審議会文化財分科会世界文化遺産特別委員会で決議。
2010年 7月	第34回世界遺産委員会ブラジル会議で、「石見銀山遺跡とその文化的景観」の登録範囲の軽微な変更（442.4ha→529.17ha）がなされる。
2011年 6月	第35回世界遺産委員会パリ会議から3回目の世界遺産委員会委員国（任期4年）「小笠原諸島」、「平泉-仏国土（浄土）を表す建築・庭園及び考古学的遺跡群」の2件が登録される。「ル・コルビュジエの建築作品-近代建築運動への顕著な貢献-」（構成資産のひとつが「国立西洋美術館本館」）は、「登録延期」決議がなされる。
2012年 1月25日	日本政府は、世界遺産条約関係省庁連絡会議を開き、「富士山」（山梨県・静岡県）と「武家の古都・鎌倉」（神奈川県）を、2013年の世界文化遺産登録に向け、正式推薦することを決定。
2012年 7月12日	文化審議会の世界文化遺産特別委員会は、「富岡製糸場と絹産業遺産群」（群馬県）を2014年の世界文化遺産登録推薦候補とすること、それに、2011年に世界遺産リストに登録された「平泉」の登録範囲の拡大と登録遺産名の変更に伴い、追加する構成資産を世界遺産暫定リスト登録候補にすることを了承。

2012年11月6日～8日	世界遺産条約採択40周年記念最終会合が、京都市の国立京都国際会館にて開催される。メインテーマ「世界遺産と持続可能な発展：地域社会の役割」
2013年 1月31日	世界遺産条約関係省庁連絡会議（外務省、文化庁、環境省、林野庁、水産庁、国土交通省、宮内庁で構成）において、世界遺産条約に基づくわが国の世界遺産暫定リストに、自然遺産として「奄美・琉球」を記載することを決定。 世界遺産暫定リスト記載の為に必要な書類をユネスコ世界遺産センターに提出。
2013年3月	ユネスコ、対象地域の絞り込みを求め、世界遺産暫定リストへの追加を保留。
2013年 4月30日	イコモス、「富士山」を「記載」、「武家の古都・鎌倉」は「不記載」を勧告。
2013年 6月 4日	「武家の古都・鎌倉」について、世界遺産リスト記載推薦を取り下げることを決定。
2013年 6月22日	第37回世界遺産委員会プノンペン会議で、「富士山－信仰の対象と芸術の源泉」が登録される。
2013年 8月23日	文化審議会世界文化遺産・無形文化遺産部会及び世界文化遺産特別委員会で、「明治日本の産業革命遺産－九州・山口と関連遺産－」を2015年の世界遺産候補とすることを決定。
2014年1月	「奄美・琉球」、世界遺産暫定リスト記載の為に必要な書類をユネスコ世界遺産センターに再提出。
2014年 6月21日	第38回世界遺産委員会ドーハ会議で、「富岡製糸場と絹産業遺産群」が登録される。
2014年 7月10日	文化審議会世界文化遺産・無形文化遺産部会及び世界文化遺産特別委員会で、「長崎の教会群とキリスト教関連遺産」を2016年の世界遺産候補とすることを決定。
2014年10月	奈良文書20周年記念会合（奈良県奈良市）において、「奈良＋20」を採択。
2015年 5月 4日	イコモス、「明治日本の産業革命遺産－九州・山口と関連遺産－」について、「記載」を勧告。
2015年 7月 5日	第39回世界遺産委員会ボン会議で、「明治日本の産業革命遺産：製鉄・製鋼、造船、石炭産業」について、議長の差配により審議なしで登録が決議された後、日本及び韓国からステートメントが発せられた。
2015年 7月	第39回世界遺産委員会ボン会議で、「世界遺産条約履行の為の作業指針」が改訂され、アップストリーム・プロセス（登録推薦に際して、締約国が諮問機関や世界遺産センターに技術的支援を要請できる仕組み）が制度化された。
2015年 7月28日	文化審議会世界文化遺産・無形文化遺産部会で、「『神宿る島』宗像・沖ノ島と関連遺産群」を2017年の世界遺産候補とすることを決定。
2016年 1月	「紀伊山地の霊場と参詣道」の軽微な変更（「熊野参詣道」及び「高野参詣道」について、延長約41.1km、面積11.1haを追加）申請書をユネスコ世界遺産センターへ提出。（第40回世界遺産委員会イスタンブール会議において承認）
2016年 1月	「富士山－信仰の対象と芸術の源泉」の保全状況報告書をユネスコ世界遺産センターに提出。（2016年7月の第40回世界遺産委員会イスタンブール会議で審議）
2016年 2月1日	「奄美大島、徳之島、沖縄島北部及び西表島」世界遺産暫定リストに記載。
2016年 2月	イコモスの中間報告において、「長崎の教会群とキリスト教関連遺産」について、「長崎の教会群」の世界遺産としての価値を、「禁教・潜伏期」に焦点をあてた内容に見直すべきとの評価が示され推薦を取下げ、修正後、2018年の登録をめざす。
2016年 5月17日	フランスなどとの共同推薦の「ル・コルビュジエの建築作品-近代建築運動への顕著な貢献-」（日本の推薦物件は「国立西洋美術館」）、「登録記載」の勧告。
2016年 7月17日	第40回世界遺産委員会イスタンブール会議で、「ル・コルビュジエの建築作品-近代建築運動への顕著な貢献-」が登録される。（フランスなど7か国17資産）
2016年 7月25日	文化審議会において、「長崎の教会群とキリスト教関連遺産」を2018年の世界遺産候補とすることを決定。（→「長崎と天草地方の潜伏キリシタン関連遺産」）
2017年 1月20日	「奄美大島、徳之島、沖縄島北部及び西表島」ユネスコへ世界遺産登録推薦書を提出。
2017年 6月30日	世界遺産条約受諾25周年。

ユネスコ世界遺産の概要

| 2017年 7月 8日 | 第41回世界遺産委員会クラクフ会議で、「『神宿る島』宗像・沖ノ島と関連遺産群」が登録される。（8つの構成資産すべて認められる） |

2017年 7月 8日　第41回世界遺産委員会クラクフ会議で、「『神宿る島』宗像・沖ノ島と関連遺産群」が登録される。（8つの構成資産すべて認められる）
2017年 7月31日　文化庁の文化審議会世界文化遺産部会で「百舌鳥・古市古墳群」を2019年の世界遺産推薦候補とすることを決定。9月に開催される世界遺産条約関係省庁連絡会議（政府の推薦決定）を経て国内の推薦が決まる。
2019年 7月30日　文化庁の文化審議会世界文化遺産部会で「北海道・北東北の縄文遺跡群」を2021年の世界遺産推薦候補とすることを決定。9月に開催される世界遺産条約関係省庁連絡会議（政府の推薦決定）を経て国内の推薦が決まる。
2022年2月1日　政府の閣議において「佐渡島の金山」をユネスコ世界遺産へ推薦することを決定。
2022年 6月30日　世界遺産条約締約30周年。

㉕ 日本のユネスコ世界遺産

2022 年3月現在、25物件（自然遺産 1物件、文化遺産20物件）が「世界遺産リスト」に登録されており、世界第11位である。

❶法隆寺地域の仏教建造物　奈良県生駒郡斑鳩町
　文化遺産（登録基準(i)(ii)(iv)(vi)）　1993年
❷姫路城　兵庫県姫路市本町　文化遺産（登録基準(i)(iv)）　1993年
③白神山地　青森県（西津軽郡鯵ヶ沢町、深浦町、中津軽郡西目屋村）
　秋田県（山本郡藤里町、八峰町、能代市）　自然遺産（登録基準(ix)）　1993年
④屋久島　鹿児島県熊毛郡屋久島町　自然遺産（登録基準(vii)(ix)）　1993年
❺古都京都の文化財（京都市 宇治市 大津市）
　京都府（京都市、宇治市）、滋賀県（大津市）　文化遺産（登録基準(ii)(iv)）　1994年
❻白川郷・五箇山の合掌造り集落　岐阜県（大野郡白川村）、富山県（南砺市）
　文化遺産（登録基準(iv)(v)）　1995年
❼広島の平和記念碑（原爆ドーム）広島県広島市中区大手町　文化遺産（登録基準(vi)）　1996年
❽厳島神社　広島県廿日市市宮島町　文化遺産（登録基準(i)(ii)(iv)(vi)）　1996年
❾古都奈良の文化財　奈良県奈良市　文化遺産（登録基準(ii)(iii)(iv)(vi)）　1998年
❿日光の社寺　栃木県日光市　文化遺産（登録基準(i)(iv)(vi)）　1999年
⓫琉球王国のグスク及び関連遺産群
　沖縄県（那覇市、うるま市、国頭郡今帰仁村、中頭郡読谷村、北中城村、中城村、南城市）
　文化遺産（登録基準(ii)(iii)(vi)）　2000年
⓬紀伊山地の霊場と参詣道
　三重県（尾鷲市、熊野市、度会郡大紀町、北牟婁郡紀北町、南牟婁郡御浜町、紀宝町）
　奈良県（吉野郡吉野町、黒滝村、天川村、野迫川村、十津川村、下北山村、上北山村、川上村）
　和歌山県（新宮市、田辺市、橋本市、伊都郡かつらぎ町、九度山町、高野町、西牟婁郡白浜町、すさみ町、上富田町、東牟婁郡那智勝浦町、串本町）
　文化遺産（登録基準(ii)(iii)(iv)(vi)）　2004年／2016年
⓭知床　北海道（斜里郡斜里町、目梨郡羅臼町）　自然遺産（登録基準(ix)(x)）　2005年
⓮石見銀山遺跡とその文化的景観　島根県大田市
　文化遺産 （登録基準(ii)(iii)(v)）　2007年／2010年
⓯平泉－仏国土（浄土）を表す建築・庭園及び考古学的遺跡群
　岩手県西磐井郡平泉町　文化遺産（登録基準(ii)(vi)）　2011年
⓰小笠原諸島　東京都小笠原村　自然遺産（登録基準(ix)）　2011年
⓱富士山－信仰の対象と芸術の源泉
　山梨県（富士吉田市、富士河口湖町、忍野村、山中湖村、鳴沢村）
　静岡県（富士宮市、富士市、御殿場市、裾野市、小山町）
　文化遺産 （登録基準(iii)(vi)）　2013年

⑱富岡製糸場と絹産業遺産群　群馬県(富岡市、藤岡市、伊勢崎市、下仁田町)
　文化遺産(登録基準(ii)(iv))　2014年
⑲明治日本の産業革命遺産：製鉄・製鋼、造船、石炭産業
　福岡県(北九州市、大牟田市、中間市)、佐賀県(佐賀市)、長崎県(長崎市)、熊本県(荒尾市、宇城市)、
　鹿児島県(鹿児島市)、山口県(萩市)、岩手県(釜石市)、静岡県(伊豆の国市)
　文化遺産(登録基準(ii)(iv))　2015年
⑳ル・コルビュジエの建築作品–近代建築運動への顕著な貢献–
　フランス／スイス／ベルギー／ドイツ／インド／日本（東京都台東区）／アルゼンチン
　文化遺産(登録基準(i)(ii)(vi))　2016年
㉑「神宿る島」宗像・沖ノ島と関連遺産群　福岡県(宗像市、福津市)
　文化遺産(登録基準(ii)(iii))　2017年
㉒長崎と天草地方の潜伏キリシタン関連遺産
　長崎県(長崎市、佐世保市、平戸市、五島市、南島原市、小値賀町、新上五島町)、熊本県(天草市)
　文化遺産(登録基準(ii)(iii))　2018年
㉓百舌鳥・古市古墳群：古代日本の墳墓群　大阪府（堺市、羽曳野市、藤井寺市）
　文化遺産(登録基準(iii)(iv))　2019年
㉔奄美大島、徳之島、沖縄島北部及び西表島
　自然遺産(登録基準(x))　2021年
㉕北海道・北東北ノ縄文遺跡群
　文化遺産(登録基準((iii)(v)))　2021年

㉖ 日本の世界遺産暫定リスト記載物件

　世界遺産締約国は、世界遺産委員会から将来、世界遺産リストに登録する為の候補物件について、暫定リスト(Tentative List)の目録を提出することが求められている。わが国の暫定リスト記載物件は、次の5件である。

●古都鎌倉の寺院・神社ほか（神奈川県　1992年暫定リスト記載）
　●「武家の古都・鎌倉」　2013年5月、「不記載」勧告。→登録推薦書類「取り下げ」
●彦根城（滋賀県　1992年暫定リスト記載）
●飛鳥・藤原−古代日本の宮都と遺跡群（奈良県　2007年暫定リスト記載）
●金を中心とする佐渡鉱山の遺産群（新潟県　2010年暫定リスト記載）　→　「佐渡島の金山」
●平泉−仏国土(浄土)を表す建築・庭園及び考古学的遺跡群＜登録範囲の拡大＞
　（岩手県　2013年暫定リスト記載）

㉗ ユネスコ世界遺産の今後の課題

●「世界遺産リスト」への登録物件の厳選、精選、代表性、信用(信頼)性の確保。
●世界遺産委員会へ諮問する専門機関(IUCNとICOMOS)の勧告と世界遺産委員会の決議との乖離(いわゆる逆転登録)の是正。
●世界遺産にふさわしいかどうかの潜在的OUV（顕著な普遍的価値）の有無等を書面審査で評価する「事前評価」(preliminary assessment)の導入。
●行き過ぎたロビー活動を規制する為の規則を、オペレーショナル・ガイドラインズに反映することについての検討。
●締約国と専門機関(IUCNとICOMOS)との対話の促進と手続きの透明性の確保。
●同種、同類の登録物件のシリアルな再編と統合。
　例示：イグアス国立公園(アルゼンチンとブラジル)
　　　　サンティアゴ・デ・コンポステーラへの巡礼道(スペインとフランス)

スンダルバンス国立公園(インド)とサンダーバンズ(バングラデシュ)
古代高句麗王国の首都群と古墳群(中国)と高句麗古墳群(北朝鮮) など。

- ●「世界遺産リスト」への登録物件の上限数の検討。
- ●世界遺産の効果的な保護(Conservation)の確保。
- ●世界遺産登録時の真正性或は真実性 (Authenticity)や完全性(Integrity)が損なわれた場合の世界遺産リストからの抹消。
- ●類似物件、同一カテゴリーの物件との合理的な比較分析。→ 暫定リストの充実
- ●登録物件数の地域的不均衡(ヨーロッパ・北米偏重)の解消。
- ●自然遺産と文化遺産の登録物件数の不均衡(文化遺産偏重)の解消。
- ●グローバル・ストラテジー(文化的景観、産業遺産、20世紀の建築等)の拡充。
- ●「文化的景観」、「歴史的町並みと街区」、「運河に関わる遺産」、「遺産としての道」など、特殊な遺産の世界遺産リストへの登録。
- ●危機にさらされている世界遺産 (★【危機遺産】) への登録手続きの迅速化などの緊急措置。
- ●新規登録の選定作業よりも、既登録の世界遺産のモニタリングなど保全管理を重視し、危機遺産比率を下げていくことへの注力。
- ●複数国にまたがるシリアル・ノミネーション(トランスバウンダリー・ノミネーション)の保全管理にあたって、全体の「顕著な普遍的価値」が損なわれないよう、構成資産のある当事国や所有管理者間のコミュニケーションを密にし、全体像の中での各構成資産の位置づけなどの解説や説明など全体管理を行なう為の組織の組成とガイダンス施設の充実。
- ●インターネットからの現地情報の収集など実効性のある監視強化メカニズム (Reinforced Monitoring Mechanism)の運用。
- ●「気候変動が世界遺産に及ぼす影響」など地球環境問題への戦略的対応。
- ●世界遺産管理におけるHIA(Heritage Impact Assessment 文化遺産のもつ価値への開発等による影響度合いの評価) の重要性の認識と活用方法。
- ●世界遺産条約締約国が、世界遺産条約の理念や本旨を遵守しない場合の制裁措置等の検討。
- ●世界遺産条約をまだ締約していない国・地域 (ソマリア、ブルンジ、ツバル、ナウル、リヒテンシュタイン)の条約締約の促進。
- ●世界遺産条約を締約しているが、まだ世界遺産登録のない国(ブルンディ、コモロ、ルワンダ、リベリア、シエラレオネ、スワジランド、ギニア・ビサウ、サントメ・プリンシペ、ジブチ、赤道ギニア、南スーダン、クウェート、モルジブ、ニウエ、サモア、ブータン、トンガ、クック諸島、ブルネイ、東ティモール、モナコ、ガイアナ、グレナダ、セントヴィンセントおよびグレナディーン諸島、トリニダード・トバコ、バハマ)からの最低1物件以上の世界遺産登録の促進。
- ●世界遺産条約を締約していない国・地域の世界遺産 (なかでも★【危機遺産】) の取扱い。
- ●世界遺産条約を締約しているが、まだ世界遺産暫定リストを作成していない国 (赤道ギニア、サントメ・プリンシペ、南スーダン、ブルネイ、クック諸島、ニウエ、東ティモール)への作成の促進。
- ●無形文化遺産保護条約、世界の記憶(Memory of the World) との連携。
- ●世界遺産から無形遺産も含めたグローバル、一体的な地球遺産へ。
- ●世界遺産基金の充実と世界銀行など国際金融機関との連携。
- ●世界遺産を通じての国際交流と国際協力の促進。
- ●世界遺産地の博物館、美術館、情報センター、ビジターセンターなどのガイダンス施設の充実。
- ●国連「世界遺産のための国際デー」(11月16日)の制定。

28 ユネスコ世界遺産を通じての総合学習

- ●世界平和や地球環境の大切さ
- ●世界遺産の鑑賞とその価値(歴史性、芸術性、文化性、景観上、保存上、学術上など)
- ●地球の活動の歴史と生物多様性(自然景観、地形・地質、生態系、生物多様性など)
- ●人類の功績、所業、教訓(遺跡、建造物群、モニュメントなど)

● 世界遺産の多様性（自然の多様性、文化の多様性）
● 世界遺産地の民族、言語、宗教、地理、歴史、伝統、文化
● 世界遺産の保護と地域社会の役割
● 世界遺産と人間の生活や生業との関わり
● 世界遺産を取り巻く脅威、危険、危機
● 世界遺産の保護・保全・保存の大切さ
● 世界遺産の利活用（教育、観光、地域づくり、まちづくり）
● 国際理解、異文化理解
● 世界遺産教育、世界遺産学習
● 広い視野に立って物事を考えることの大切さ
● 郷土愛、郷土を誇りに思う気持ちの大切さ
● 人と人とのつながりや絆の大切さ
● 地域遺産を守っていくことの大切さ
● ヘリティッジ・ツーリズム、ライフ・ビヨンド・ツーリズム、カルチュラル・ツーリズム、
　 エコ・ツーリズムなど

29 今後の世界遺産委員会等の開催スケジュール

2022年6月19日～6月30日　　第45回世界遺産委員会カザン（ロシア連邦）会議2022
　　　　　　　　　　　　　　（審議対象物件：2021年2月1日までの登録申請分）

30 世界遺産条約の将来

● 世界遺産の6つの将来目標

◎ 世界遺産の「顕著な普遍的価値」（OUV）の維持
◎ 世界で最も「顕著な普遍的価値」のある文化・自然遺産の世界遺産リストの作成
◎ 現在と将来の環境的、社会的、経済的なニーズを考慮した遺産の保護と保全
◎ 世界遺産のブランドの質の維持・向上
◎ 世界遺産委員会の政策と戦略的重要事項の表明
◎ 定例会合での決議事項の周知と効果的な履行

● 世界遺産条約履行の為の戦略的行動計画　2012年～2022年

◎ 信用性、代表性、均衡性のある「世界遺産リスト」である為のグローバル戦略の履行と
　 自発的な保全へ取組みとの連携（PACT＝世界遺産パートナー・イニシアティブ）に関する
　 ユネスコの外部監査による独立的評価
◎ 世界遺産の人材育成戦略
◎ 災害危険の軽減戦略
◎ 世界遺産地の気候変動のインパクトに関する政策
◎ 下記のテーマに関する専門家グループ会合開催の推奨
　 ○ 世界遺産の保全への取組み
　 ○ 世界遺産委員会などでの組織での意思決定の手続き
　 ○ 世界遺産委員会での登録可否の検討に先立つ前段プロセス（早い段階での諮問機関の
　　　ICOMOSやIUCNと登録申請国との対話等、3月末締切りのアップストリーム・プロセス）の改善
　 ○ 世界遺産条約における保全と持続可能な発展との関係
＜出所＞2011年第18回世界遺産条約締約国パリ総会での決議事項に拠る。

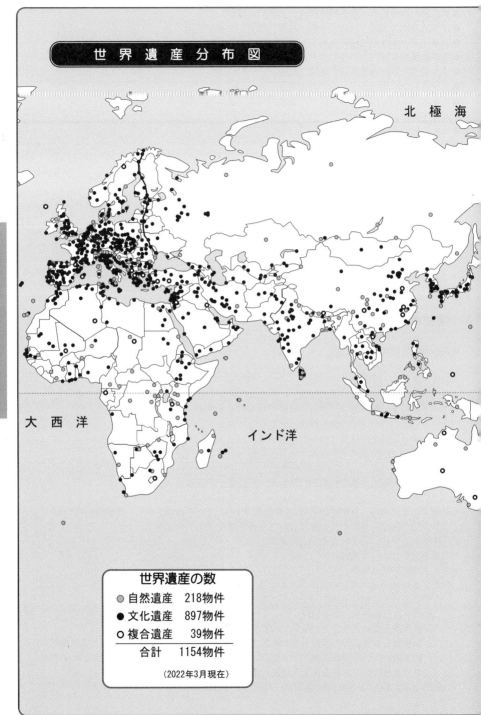

世 界 遺 産 分 布 図

北 極 海

大 西 洋

インド洋

世界遺産の数

- ◉ 自然遺産　218物件
- ● 文化遺産　897物件
- ○ 複合遺産　 39物件

合計　1154物件

（2022年3月現在）

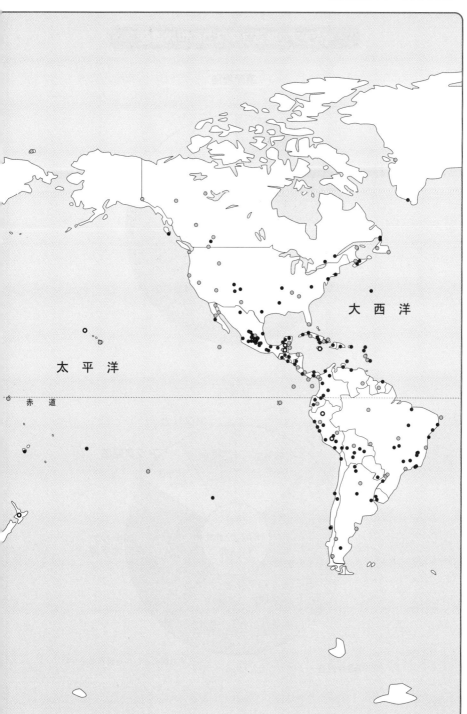

大 西 洋

太 平 洋

赤 道

図表で見るユネスコ世界遺産

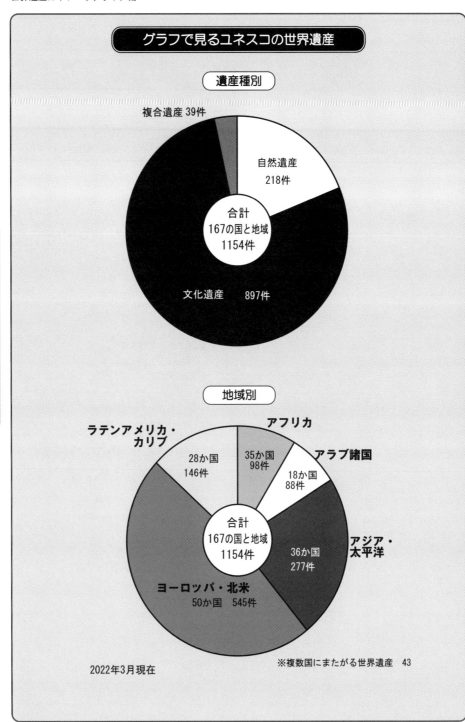

グラフで見るユネスコの世界遺産

遺産種別

複合遺産 39件

自然遺産
218件

合計
167の国と地域
1154件

文化遺産　　897件

地域別

ラテンアメリカ・
カリブ

アフリカ

アラブ諸国

28か国
146件

35か国
98件

18か国
88件

合計
167の国と地域
1154件

36か国
277件

アジア・
太平洋

ヨーロッパ・北米
50か国　545件

2022年3月現在

※複数国にまたがる世界遺産　43

図表で見るユネスコ世界遺産

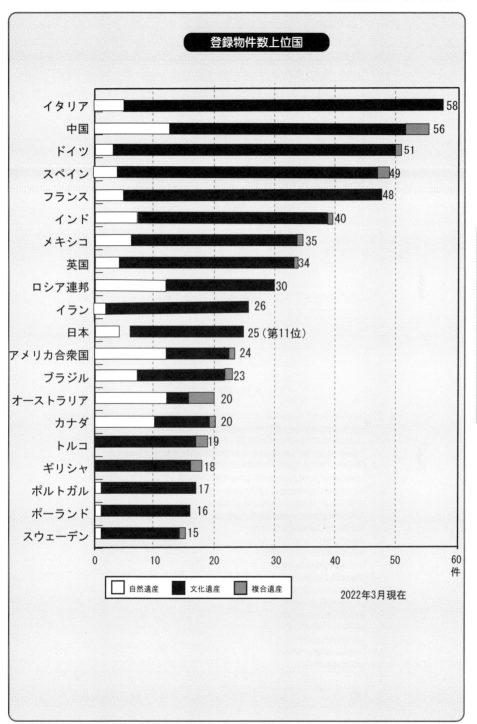

登録物件数上位国

国	件数
イタリア	58
中国	56
ドイツ	51
スペイン	49
フランス	48
インド	40
メキシコ	35
英国	34
ロシア連邦	30
イラン	26
日本	25（第11位）
アメリカ合衆国	24
ブラジル	23
オーストラリア	20
カナダ	20
トルコ	19
ギリシャ	18
ポルトガル	17
ポーランド	16
スウェーデン	15

□ 自然遺産　■ 文化遺産　■ 複合遺産

2022年3月現在

図表で見るユネスコ世界遺産

図表で見るユネスコ世界遺産

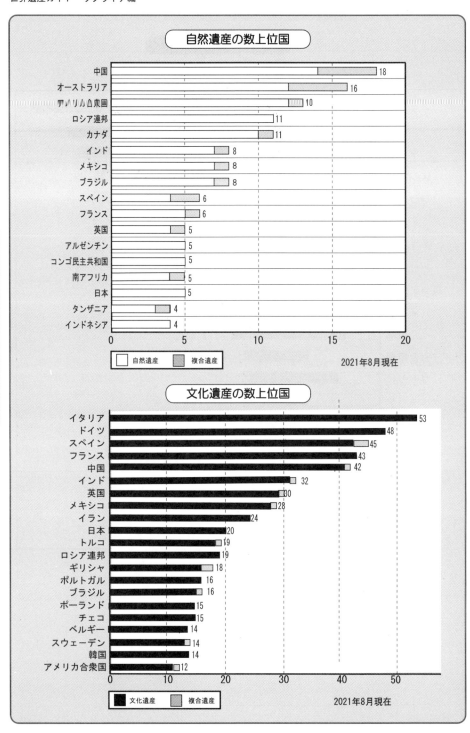

自然遺産の数上位国

国	数
中国	18
オーストラリア	16
アメリカ合衆国	10
ロシア連邦	11
カナダ	11
インド	8
メキシコ	8
ブラジル	8
スペイン	6
フランス	6
英国	5
アルゼンチン	5
コンゴ民主共和国	5
南アフリカ	5
日本	5
タンザニア	4
インドネシア	4

□ 自然遺産　■ 複合遺産　　2021年8月現在

文化遺産の数上位国

国	数
イタリア	53
ドイツ	48
スペイン	45
フランス	43
中国	42
インド	32
英国	30
メキシコ	28
イラン	24
日本	20
トルコ	19
ロシア連邦	19
ギリシャ	18
ポルトガル	16
ブラジル	16
ポーランド	15
チェコ	15
ベルギー	14
スウェーデン	14
韓国	14
アメリカ合衆国	12

■ 文化遺産　■ 複合遺産　　2021年8月現在

図表で見るユネスコ世界遺産

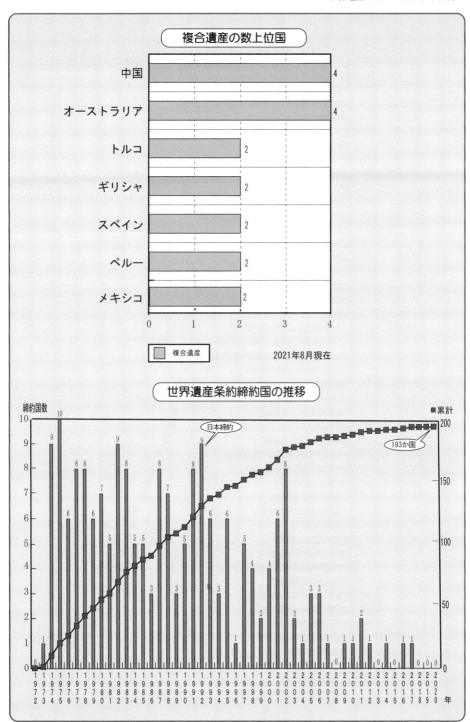

複合遺産の数上位国

中国　4
オーストラリア　4
トルコ　2
ギリシャ　2
スペイン　2
ペルー　2
メキシコ　2

0　1　2　3　4

複合遺産　　2021年8月現在

世界遺産条約締約国の推移

締約国数　　　　　　　　　　　　　　　累計

日本締約

193か国

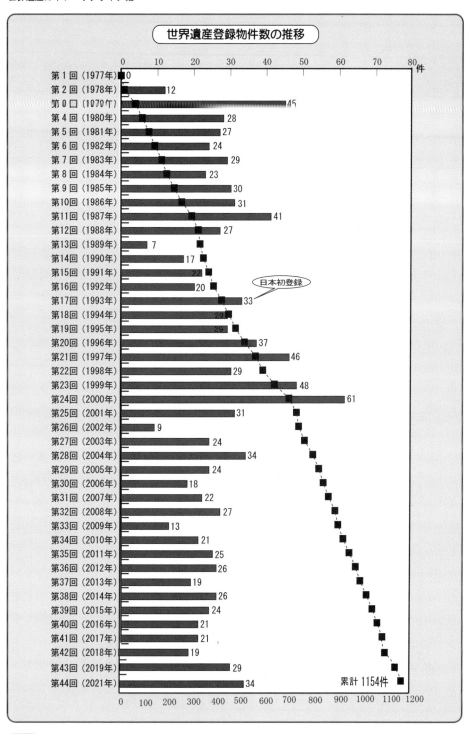

世界遺産登録物件数の推移

回	件数
第1回（1977年）	0
第2回（1978年）	12
第3回（1979年）	45
第4回（1980年）	28
第5回（1981年）	27
第6回（1982年）	24
第7回（1983年）	29
第8回（1984年）	23
第9回（1985年）	30
第10回（1986年）	31
第11回（1987年）	41
第12回（1988年）	27
第13回（1989年）	7
第14回（1990年）	17
第15回（1991年）	22
第16回（1992年）	20
第17回（1993年）	33
第18回（1994年）	29
第19回（1995年）	29
第20回（1996年）	37
第21回（1997年）	46
第22回（1998年）	29
第23回（1999年）	48
第24回（2000年）	61
第25回（2001年）	31
第26回（2002年）	9
第27回（2003年）	24
第28回（2004年）	34
第29回（2005年）	24
第30回（2006年）	18
第31回（2007年）	22
第32回（2008年）	27
第33回（2009年）	13
第34回（2010年）	21
第35回（2011年）	25
第36回（2012年）	26
第37回（2013年）	19
第38回（2014年）	26
第39回（2015年）	24
第40回（2016年）	21
第41回（2017年）	21
第42回（2018年）	19
第43回（2019年）	29
第44回（2021年）	34

日本初登録

累計 1154件

世界遺産と危機遺産の数の推移と比率

年	登録物件数（危機遺産数　割合）
1977年	0（ 0　0%）
1978年	12（ 0　0%）
1979年	57（ 1　1.75%）
1980年	85（ 1　1.18%）
1981年	112（ 1　0.89%）
1982年	136（ 2　1.47%）
1983年	165（ 2　1.21%）
1984年	186（ 5　2.69%）
1985年	216（ 6　2.78%）
1986年	247（ 7　2.83%）
1987年	288（ 7　2.43%）
1988年	315（ 7　2.22%）
1989年	322（ 7　2.17%）
1990年	336（ 8　2.38%）
1991年	358（ 10　2.79%）
1992年	378（ 15　3.97%）
1993年	411（ 16　3.89%）
1994年	440（ 17　3.86%）
1995年	469（ 18　3.84%）
1996年	506（ 22　4.35%）
1997年	552（ 25　4.53%）
1998年	582（ 23　3.95%）
1999年	630（ 27　4.29%）
2000年	690（ 30　4.35%）
2001年	721（ 31　4.30%）
2002年	730（ 33　4.52%）
2003年	754（ 35　4.64%）
2004年	788（ 35　4.44%）
2005年	812（ 34　4.19%）
2006年	830（ 31　3.73%）
2007年	851（ 30　3.53%）
2008年	878（ 30　3.42%）
2009年	890（ 31　3.48%）
2010年	911（ 34　3.73%）
2011年	936（ 35　3.74%）
2012年	962（ 38　3.95%）
2013年	981（ 44　4.49%）
2014年	1007（ 46　4.57%）
2015年	1031（ 48　4.66%）
2016年	1052（ 55　5.23%）
2017年	1073（ 54　5.03%）
2018年	1092（ 54　4.95%）
2019年	1121（ 53　4.73%）
2021年	1154（ 52　4.51%）

0　200　400　600　800　1000　1200 件

登録物件数（危機遺産数　**割合**）

図表で見るユネスコ世界遺産

図表で見るユネスコ世界遺産

世界遺産委員会別登録物件数の内訳

回次	開催年	登録物件数				登録物件数（累計）				備　考
		自然	文化	複合	合計	自然	文化	複合	累計	
第1回	1977年	0	0	0	0	0	0	0	0	①オフリッド湖（自然遺産）
第2回	1978年	1	0	0	1	1	0	0	1	（マケドニア*1979年登録）
第3回	1979年	10	34	1	45	14	42	1	57	→文化遺産加わり複合遺産に *当時の国名はユーゴスラヴィア
第4回	1980年	6	23	0	29	19①	65	2①	86	②バージェス・シェル遺跡〈自然遺産〉
第5回	1981年	9	15	2	26	28	80	4	112	（カナダ1980年登録）
第6回	1982年	5	17	2	24	33	97	6	136	→「カナディアンロッキー山脈公園」 として再登録。上記物件を統合
第7回	1983年	9	19	1	29	42	116	7	165	③グラニー人のイエズス会伝道所
第8回	1984年	7	16	0	23	48②	131③	7	186	〈文化遺産〉（ブラジル1983年登録）
第9回	1985年	4	25	1	30	52	156	8	216	→アルゼンチンにある物件が登録 され、1物件とみなされることに
第10回	1986年	8	23	0	31	60	179	8	247	④ウエストランド、マウント・クック
第11回	1987年	8	32	1	41	68	211	9	288	国立公園（自然遺産）
第12回	1988年	5	19	3	27	73	230	12	315	フィヨルドランド国立公園（自然遺産） （ニュージーランド1986年登録）
第13回	1989年	2	4	1	7	75	234	13	322	→「テ・ワヒポナム」として再登録。 上記2物件を統合し1物件に
第14回	1990年	5	11	1	17	77④	245	14	336	⑤タラマンカ地方ラ・アミスタッド
第15回	1991年	6	16	0	22	83	261	14	358	保護区群（自然遺産）
第16回	1992年	4	16	0	20	86⑤	277	15⑤	378	（コスタリカ1983年登録）
第17回	1993年	4	29	0	33	89⑥	306	16⑥	411	→パナマのラ・アミスタッド国立公園 を加え再登録。
第18回	1994年	8	21	0	29	96⑦	327	17⑦	440	上記物件を統合し1物件に
第19回	1995年	6	23	0	29	102	350	17	469	⑤リオ・アビセオ国立公園（自然遺産）
第20回	1996年	5	30	2	37	107	380	19	506	（ペルー）
第21回	1997年	7	38	1	46	114	418	20	552	→文化遺産加わり複合遺産に
第22回	1998年	3	27	0	30	117	445	20	582	⑥トンガリロ国立公園（自然遺産） （ニュージーランド）
第23回	1999年	11	35	2	48	128	480	22	630	→文化遺産加わり複合遺産に
第24回	2000年	10	50	1	61	138	529⑧	23	690	⑦ウルル・カタ・ジュタ国立公園 （自然遺産）（オーストラリア）
第25回	2001年	6	25	0	31	144	554	23	721	→文化遺産加わり複合遺産に
第26回	2002年	0	9	0	9	144	563	23	730	⑧シャンボール城〈文化遺産〉
第27回	2003年	5	19	0	24	149	582	23	754	（フランス1981年登録）
第28回	2004年	5	29	0	34	154	611	23	788	→「シュリー・シュルワールと シャロンヌの間のロワール渓谷」 として再登録。上記物件を統合
第29回	2005年	7	17	0	24	160⑨	628	24⑨	812	
第30回	2006年	2	16	0	18	162	644	24	830	
第31回	2007年	5	16	1	22	166⑩	660	25	851	
第32回	2008年	8	19	0	27	174	679	25	878	⑨セント・キルダ〈自然遺産〉 （イギリス1986年登録）
第33回	2009年	2	11	0	13	176	689⑪	25	890	→文化遺産加わり複合遺産に
第34回	2010年	5	15	1	21	180⑫	704	27⑫	911	⑩アラビアン・オリックス保護区 〈自然遺産〉（オマーン1994年登録）
第35回	2011年	3	21	1	25	183	725	28	936	→登録抹消
第36回	2012年	5	20	1	26	188	745	29	962	⑪ドレスデンのエルベ渓谷
第37回	2013年	5	14	0	19	193	759	29	981	〈文化遺産〉（ドイツ2004年登録） →登録抹消
第38回	2014年	4	21	1	26	197	779⑬	31⑬	1007	⑫ンゴロンゴロ保全地域〈自然遺産 （タンザニア1978年登録）
第39回	2015年	0	23	1	24	197	802	32	1031	→文化遺産加わり複合遺産に
第40回	2016年	6	12	3	21	203	814	35	1052	⑬カラクムルのマヤ都市〈文化遺産〉 （メキシコ2002年登録）
第41回	2017年	3	18	0	21	206	832	35	1073	→自然遺産加わり複合遺産に
第42回	2018年	3	13	3	19	209	845	38	1092	
第43回	2019年	4	24	1	29	213	869	39	1121	
第44回	2021年	5	29	0	34	218	897	39	1154	

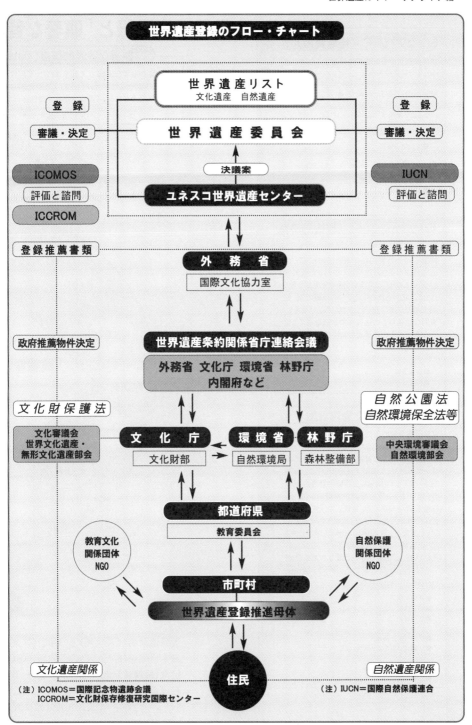

図表で見るユネスコ世界遺産

世界遺産登録のフロー・チャート

| 登　録 | 世 界 遺 産 リ ス ト
文化遺産　自然遺産 | 登　録 |
| 審議・決定 | 世 界 遺 産 委 員 会 | 審議・決定 |

ICOMOS
評価と諮問
ICCROM

決議案

ユネスコ世界遺産センター

IUCN
評価と諮問

登録推薦書類 ── 外 務 省　国際文化協力室 ── 登録推薦書類

政府推薦物件決定 ── 世界遺産条約関係省庁連絡会議
外務省 文化庁 環境省 林野庁 内閣府など ── 政府推薦物件決定

文化財保護法 | 自然公園法 自然環境保全法等

文化審議会
世界文化遺産・
無形文化遺産部会 ── 文 化 庁（文化財部）　環 境 省（自然環境局）　林 野 庁（森林整備部） ── 中央環境審議会
自然環境部会

都道府県（教育委員会）

教育文化
関係団体
NGO

市町村

世界遺産登録推進母体

自然保護
関係団体
NGO

住 民

文化遺産関係 ── 自然遺産関係

（注）ICOMOS＝国際記念物遺跡会議
ICCROM＝文化財保存修復研究国際センター　（注）IUCN＝国際自然保護連合

図表で見るユネスコ世界遺産

コア・ゾーン（推薦資産）

登録推薦資産を効果的に保護するたに明確に設定された境界線。

境界線の設定は、資産の「顕著な普遍的価値」及び完全性及び真正性が十分に表わされることを保証するように行われなければならない。＿＿＿＿＿＿＿ ha

- ●文化財保護法
  国の史跡指定
  国の重要文化的景観指定など
- ●自然公園法
  国立公園、国定公園
- ●都市計画法
  国営公園

バッファー・ゾーン（緩衝地帯）

推薦資産の効果的な保護を目的として、推薦資産を取り囲む地域に、法的または慣習的手法により補完的な利用・開発規制を敷くことにより設けられるもうひとつの保護の網。推薦資産の直接のセッティング（周辺の環境）、重要な景色やその他資産の保護を支える重要な機能をもつ地域または特性が含まれるべきである。＿＿＿＿＿＿＿ ha

- ●景観条例
- ●環境保全条例

長期的な保存管理計画

登録推薦資産の現在及び未来にわたる効果的な保護を担保するために、各資産について、資産の「顕著な普遍的価値」をどのように保全すべきか（参加型手法を用いることが望ましい）について明示した適切な管理計画のこと。どのような管理体制が効果的かは、登録推薦資産のタイプ、特性、ニーズや当該資産が置かれた文化、自然面での文脈によっても異なる。管理体制の形は、文化的視点、資源量その他の要因によって、様々な形式をとり得る。伝統的手法、既存の都市計画や地域計画の手法、その他の計画手法が使われることが考えられる。

- ●管理主体
- ●管理体制
- ●管理計画

- ●記録・保存・継承
- ●公開・活用（教育、観光、まちづくり）

- ●地域計画、都市計画
- ●協働のまちづくり

登録範囲

担保条件

世界遺産登録と「顕著な普遍

顕著な普遍的価値（Outst

国家間の境界を超越し、人類全体にとって現代及
文化的な意義及び／又は自然的な価値を意味す
国際社会全体にとって最高水準の重要性を有する

ローカル ⇨ リージョナル ⇨ ナショナ

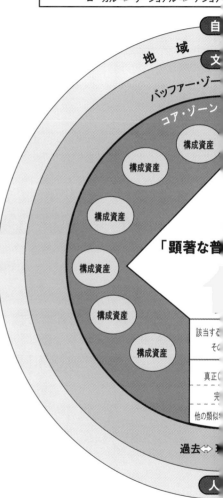

自

文

地域

バッファー・ゾーン

コア・ゾーン

構成資産
構成資産
構成資産
構成資産
構成資産
構成資産

「顕著な普

該当する
そ

真正（
完
他の類似

過去 ⇔

人

登録遺産名：○○○○○○○○○○○
日本語表記：○○○○○○○○○○○○
位置（経緯度）：北緯○○度○○分 東紗
登録遺産の説明と概要：○○○○○○○○
○○○○○○○○○

」の考え方について

al Value＝OUV)

た重要性をもつような、傑出した
遺産を恒久的に保護することは

ナル ⇨ グローバル

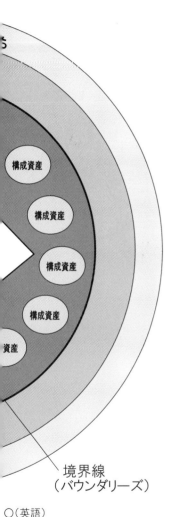

構成資産

構成資産

構成資産

構成資産

資産

境界線
（バウンダリーズ）

○（英語）
○○○

○○○○○○○
○○○○

必要十分条件の証明

登録基準（クライテリア）

必要条件

(i) 人類の創造的天才の傑作を表現するもの。
→人類の創造的天才の傑作
(ii) ある期間を通じて、または、ある文化圏において、建築、技術、記念碑的芸術、町並み計画、景観デザインの発展に関し、人類の価値の重要な交流を示すもの。
→人類の価値の重要な交流を示すもの
(iii) 現存する、または、消滅した文化的伝統、または、文明の、唯一の、または、少なくとも稀な証拠となるもの。
→文化的伝統、文明の稀な証拠
(iv) 人類の歴史上重要な時代を例証する、ある形式の建造物、建築物群、技術の集積、または、景観の顕著な例。
→歴史上、重要な時代を例証する優れた例
(v) 特に、回復困難な変化の影響下で損傷されやすい状態にある場合における、ある文化（または、複数の文化）、或は、環境と人間との相互作用、を代表するる伝統的集落、または、土地利用の顕著な例。
→存続が危ぶまれている伝統の集落、土地利用の際立つ例
(vi) 顕著な普遍的な意義を有する出来事、現存する伝統、思想、信仰、または、芸術的、文学的作品と、直接に、または、明白に関連するもの。
→普遍的出来事、伝統、思想、信仰、芸術、文学的作品と関連するもの
(vii) もっともすばらしい自然的現象、または、ひときわすぐれた自然美をもつ地域、及び、美的な重要性を含むもの。**→自然景観**
(viii) 地球の歴史上の主要な段階を示す顕著な見本であるもの。これには、生物の記録、地形の発達における重要な地学的進行過程、或は、重要な地形的、または、自然地理的特性などが含まれる。
→地形・地質
(ix) 陸上、淡水、沿岸、及び、海洋生態系と動植物群集の進化と発達において、進行しつつある重要な生態学的、生物学的プロセスを示す顕著な見本であるもの。**→生態系**
(x) 生物多様性の本来的保全にとって、もっとも重要かつ意義深い自然生息地を含んでいるもの。これには、科学上、または、保全上の観点から、普遍的価値をもつ絶滅の恐れのある種が存在するものを含む。
→生物多様性

※上記の登録基準(i)〜(x)のうち、一つ以上の登録基準を満たすと共に、それぞれの根拠となる説明が必要。

真正（真実）性（オーセンティシティ）

十分条件

文化遺産の種類、その文化的文脈によって一様ではないが、資産の文化的価値（上記の登録基準）が、下に示すような多様な属性における表現において真実かつ信用性を有する場合に、真正性の条件を満たしていると考えられ得る。
○形状、意匠
○材料、材質
○用途、機能
○伝統、技能、管理体制
○位置、セッティング（周辺の環境）
○言語その他の無形遺産
○精神、感性
○その他の内部要素、外部要素

完全性 （インテグリティ）

自然遺産及び文化遺産とそれらの特質のすべてが無傷で包含されている度合を測るためのものさしである。従って、完全性の条件を調べるためには、当該資産が以下の条件をどの程度満たしているかを評価する必要がある。
a)「顕著な普遍的価値」が発揮されるのに必要な要素（構成資産）がすべて含まれているか。
b) 当該物件の重要性を示す特徴を不足なく代表するために適切な大きさが確保されているか。
c) 開発及び管理放棄による負の影響を受けていないか。

他の類似物件との比較

当該物件を、国内外の類似の世界遺産、その他の物件と比較した比較分析を行わなければならない。比較分析では、当該物件の国内での重要性及び国際的な重要性について説明しなければならない。

©世界遺産総合研究所

図表で見るユネスコ世界遺産

図表で見るユネスコ世界遺産

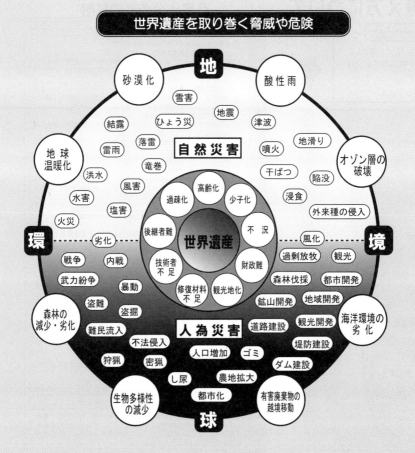

世界遺産を取巻く脅威、危険、危機の因子

固有危険　風化、劣化など

自然災害　地震、津波、地滑り、火山の噴火など

人為災害　タバコの不始末等による火災、無秩序な開発行為など

地球環境問題　地球温暖化、砂漠化、酸性雨、海洋環境の劣化など

社会環境の変化　過疎化、高齢化、後継者難、観光地化など

世界遺産を取巻く脅威、危険、危機の状況

確認危険　遺産が特定の確認された差し迫った危険に直面している状況

潜在危険　遺産固有の特徴に有害な影響を与えかねない脅威に直面している状況

確認危険と潜在危険

危険種別 ╲ 遺産種別	文化遺産	自然遺産
確認危険 Ascertained Danger	● 材質の重大な損壊 ● 構造、或は、装飾的な特徴 ● 建築、或は、都市計画の統一性 ● 歴史的な真正性 ● 文化的な定義	● 病気、密猟、密漁 ● 大規模開発、産業開発採掘、汚染、森林伐採 ● 境界や上流地域への人間の侵入
潜在危険 Potential Danger	● 遺産の法的地位 ● 保護政策 ● 地域開発計画 ● 都市開発計画 ● 武力紛争 ● 地質、気象、その他の環境的要因	● 指定地域の法的な保護状況 ● 再移転計画、或は開発事業 ● 武力紛争 ● 保護管理計画

図表で見るユネスコ世界遺産

危機にさらされている世界遺産

	物 件 名	国 名	危機遺産登録年	登録された主な理由
1	●■ルリレ・ノ旧市街山城畦	ユルガン推薦物件	1982年	民族紛争
2	●チャン・チャン遺跡地域	ペルー	1986年	風雨による侵食・崩壊
3	○ニンバ山厳正自然保護区	ギニア/コートジボワール	1992年	鉄鉱山開発、難民流入
4	○アイルとテネレの自然保護区	ニジェール	1992年	武力紛争、内戦
5	○ヴィルンガ国立公園	コンゴ民主共和国	1994年	地域紛争、密猟
6	○ガランバ国立公園	コンゴ民主共和国	1996年	密猟、内戦、森林破壊
7	○オカピ野生動物保護区	コンゴ民主共和国	1997年	武力紛争、森林伐採、密猟
8	○カフジ・ビエガ国立公園	コンゴ民主共和国	1997年	密猟、難民流入、農地開拓
9	○マノボ・グンダ・サンフローリス国立公園	中央アフリカ	1997年	密猟
10	●ザビドの歴史都市	イエメン	2000年	都市化、劣化
11	●アブ・ミナ	エジプト	2001年	土地改良による溢水
12	●ジャムのミナレットと考古学遺跡	アフガニスタン	2002年	戦乱による損傷、浸水
13	●バーミヤン盆地の文化的景観と考古学遺跡	アフガニスタン	2003年	崩壊、劣化、盗窟など
14	●アッシュル（カルア・シルカ）	イラク	2003年	ダム建設、保護管理措置欠如
15	●コロとその港	ヴェネズエラ	2005年	豪雨による損壊
16	●コソヴォの中世の記念物群	セルビア	2006年	政治的不安定による管理と保存の困難
17	○ニオコロ・コバ国立公園	セネガル	2007年	密猟、ダム建設計画
18	●サーマッラの考古学都市	イラク	2007年	宗派対立
19	●カスビのブガンダ王族の墓	ウガンダ	2010年	2010年3月の火災による焼失
20	○アツィナナナの雨林群	マダガスカル	2010年	違法な伐採、キツネザルの狩猟の横行
21	○エバーグレーズ国立公園	アメリカ合衆国	2010年	水界生態系の劣化の継続、富栄養化
22	○スマトラの熱帯雨林遺産	インドネシア	2011年	密猟、違法伐採など
23	○リオ・プラターノ生物圏保護区	ホンジュラス	2011年	違法伐採、密漁、不法占拠、密猟など
24	●トゥンブクトゥー	マリ	2012年	武装勢力による破壊行為
25	●アスキアの墓	マリ	2012年	武装勢力による破壊行為
26	●パナマのカリブ海沿岸のポルトベロ-サン・ロレンソの要塞群	パナマ	2012年	風化や劣化、維持管理の欠如など
27	○イースト・レンネル	ソロモン諸島	2013年	森林の伐採

図表で見るユネスコ世界遺産

	物 件 名	国 名	危機遺産登録年	登録された主な理由
28	●古代都市ダマスカス	シリア	2013年	国内紛争の激化
29	●古代都市ボスラ	シリア	2013年	国内紛争の激化
30	●パルミラの遺跡	シリア	2013年	国内紛争の激化
31	●古代都市アレッポ	シリア	2013年	国内紛争の激化
32	●シュバリエ城とサラ・ディーン城塞	シリア	2013年	国内紛争の激化
33	●シリア北部の古村群	シリア	2013年	国内紛争の激化
34	○セルース動物保護区	タンザニア	2014年	見境ない密猟
35	●ポトシ市街	ボリヴィア	2014年	経年劣化による鉱山崩壊の危機
36	●オリーブとワインの地パレスチナ－エルサレム南部のバティール村の文化的景観	パレスチナ	2014年	分離壁の建設による文化的景観の損失の懸念
37	●ハトラ	イラク	2015年	過激派組織「イスラム国」による破壊、損壊
38	●サナアの旧市街	イエメン	2015年	ハディ政権とイスラム教シーア派との戦闘激化、空爆による遺産の損壊
39	●シバーム城塞都市	イエメン	2015年	ハディ政権とイスラム教シーア派との戦闘激化による潜在危険
40	●ジェンネの旧市街	マリ	2016年	不安定な治安情勢、風化や劣化、都市化、浸食
41	●キレーネの考古学遺跡	リビア	2016年	カダフィ政権崩壊後の国内紛争の激化
42	●レプティス・マグナの考古学遺跡	リビア	2016年	カダフィ政権崩壊後の国内紛争の激化
43	●サブラタの考古学遺跡	リビア	2016年	カダフィ政権崩壊後の国内紛争の激化
44	●タドラート・アカクスの岩絵	リビア	2016年	カダフィ政権崩壊後の国内紛争の激化
45	●ガダミースの旧市街	リビア	2016年	カダフィ政権崩壊後の国内紛争の激化
46	●シャフリサーブスの歴史地区	ウズベキスタン	2016年	ホテルなどの観光インフラの過度の開発、都市景観の変化
47	●ナン・マドール：東ミクロネシアの祭祀センター	ミクロネシア	2016年	マングローブなどの繁茂や遺跡の崩壊
48	●ウィーンの歴史地区	オーストリア	2017年	高層ビル建設プロジェクトによる都市景観問題
49	●ヘブロン/アル・ハリールの旧市街	パレスチナ	2017年	民族紛争、宗教紛争
50	○ツルカナ湖の国立公園群	ケニア	2018年	ダム建設
51	○カリフォルニア湾の諸島と保護地域	メキシコ	2019年	違法操業
52	●ロシア・モンタナの鉱山景観	ルーマニア	2021年	文化的景観の喪失

○ 自然遺産　16件　　● 文化遺産　36件　　　　　　　2022年3月現在

図表で見るユネスコ世界遺産

危機にさらされている世界遺産分布図

図表で見るユネスコ世界遺産

物　件　名	国　　名	危機遺産登録年
①エルサレム旧市街と城壁	ヨルダン推薦物件	1982年
②チャン・チャン遺跡地域	ペルー	1986年
③ニンバ山厳正自然保護区	ギニア/コートジボワール	1992年
④アイルとテネレの自然保護区	ニジェール	1992年
⑤ヴィルンガ国立公園	コンゴ民主共和国	1994年
⑥ガランバ国立公園	コンゴ民主共和国	1996年
⑦オカピ野生動物保護区	コンゴ民主共和国	1997年
⑧カフジ・ビエガ国立公園	コンゴ民主共和国	1997年
⑨マノボ・グンダ・サンフローリス国立公園	中央アフリカ	1997年
		1999年
⑩ザビドの歴史都市	イエメン	2000年
⑪アブ・ミナ	エジプト	2001年
⑫ジャムのミナレットと考古学遺跡	アフガニスタン	2002年
⑬バーミヤン盆地の文化的景観と考古学遺跡	アフガニスタン	2003年
⑭アッシュル（カルア・シルカ）	イラク	2003年
⑮コロとその港	ヴェネズエラ	2005年
⑯コソヴォの中世の記念物群	セルビア	2006年
⑰ニオコロ・コバ国立公園	セネガル	2007年
⑱サーマッラの考古学都市	イラク	2007年
⑲カスビのブガンダ王族の墓	ウガンダ	2010年
⑳アツィナナナの雨林群	マダガスカル	2010年
㉑エバーグレーズ国立公園	アメリカ合衆国	2010年
㉒スマトラの熱帯雨林遺産	インドネシア	2011年
㉓リオ・プラターノ生物圏保護区	ホンジュラス	2011年

図表で見るユネスコ世界遺産

アメリカ合衆国

大　西　洋

�51

㉑

太　平　洋

赤　道

ソロモン諸島

ホンジュラス ㉓

㉖ ㉕

パナマ ヴェネズエラ

❷

ペルー

ボリヴィア

㉟

物　件　名	国　名	危機遺産登録年
㉔トンブクトゥー	マリ	2012年
㉕アスキアの墓	マリ	2012年
		2012年
㉖パナマのカリブ海沿岸のポルトベロ-サン・ロレンソの要塞群	パナマ	2012年
㉗イースト・レンネル	ソロモン諸島	2013年
㉘古代都市ダマスカス	シリア	2013年
㉙古代都市ボスラ	シリア	2013年
㉚パルミラの遺跡	シリア	2013年
㉛古代都市アレッポ	シリア	2013年
㉜シュバリエ城とサラ・ディーン城塞	シリア	2013年
㉝シリア北部の古村群	シリア	2013年
㉞セルース動物保護区	タンザニア	2014年
㉟ポトシ市街	ボリヴィア	2014年
㊱オリーブとワインの地パレスチナ-エルサレム南部のバティール村の文化的景観	パレスチナ	2014年
㊲ハトラ	イラク	2015年
㊳サナアの旧市街	イエメン	2015年
㊴シバーム城塞都市	イエメン	2015年
㊵ジェンネの旧市街	マリ	2016年
㊶キレーネの考古学遺跡	リビア	2016年
㊷レプティス・マグナの考古学遺跡	リビア	2016年
㊸サブラタの考古学遺跡	リビア	2016年
㊹タドラート・アカクスの岩絵	リビア	2016年
㊺ガダミースの旧市街	リビア	2016年
㊻シャフリサーブスの歴史地区	ウズベキスタン	2016年
㊼ナン・マドール:東ミクロネシアの祭祀センター	ミクロネシア	2016年
㊽ウィーンの歴史地区	オーストリア	2017年
㊾ヘブロン/アル・ハリルの旧市街	パレスチナ	2017年
㊿ツルカナ湖の国立公園群	ケニア	2018年
(51)カリフォルニア湾の諸島と保護地域	メキシコ	2019年
(52)ロシア・モンタナの鉱山景観	ルーマニア	2021年

☐ 自然遺産

■ 文化遺産

2022年3月現在

危機遺産の登録、解除、抹消の推移表

登録（解除）年	登　録　物　件	解　除　物　件
1979年	★コトルの自然・文化-歴史地域	
1982年	★エルサレム旧市街と城壁	
1984年	☆ンゴロンゴロ保全地域	
	☆ジュジ国立鳥類保護区	
	☆ガランバ国立公園	
1985年	★アボメイの王宮	
1986年	★チャン・チャン遺跡地域	
1988年	★バフラ城塞	○ジュジ国立鳥類保護区
1989年	★ヴィエリチカ塩坑	○ンゴロンゴロ保全地域
1990年	★トンブクトゥー	
1991年	☆プリトヴィチェ湖群国立公園	
	★ドブロブニクの旧市街	
1992年	☆ニンバ山厳正自然保護区	○ガランバ国立公園
	☆アイルとテネレの自然保護区	
	☆マナス野生動物保護区	
	☆サンガイ国立公園	
	☆スレバルナ自然保護区	
	★アンコール	
1993年	☆エバーグレーズ国立公園	
1994年	☆ヴィルンガ国立公園	
1995年	☆イエロー・ストーン	
1996年	☆リオ・プラターノ生物圏保護区	
	☆イシュケウル国立公園	
	☆ガランバ国立公園	
	☆シミエン国立公園	
1997年	☆オカピ野生動物保護区	○プリトヴィチェ湖群国立公園
	☆カフジ・ビエガ国立公園	
	☆マノボ・グンダ・サンフローリス国立公園	
	★ブトリント	
1998年		●ドブロブニクの旧市街
		●ヴィエリチカ塩坑
1999年	☆ルウェンゾリ山地国立公園	
	☆サロンガ国立公園	
	☆イグアス国立公園	
	★ハンピの建造物群	
2000年	☆ジュジ国立鳥類保護区	
	★ザビドの歴史都市	
	★ラホールの城塞とシャリマール庭園	
2001年	★フィリピンのコルディリェラ山脈の棚田	○イグアス国立公園
	★アブ・ミナ	
2002年	★ジャムのミナレットと考古学遺跡	
	★ティパサ	
2003年	☆コモエ国立公園	○スレバルナ自然保護区
	★バーミヤン盆地の文化的景観と考古学遺跡	○イエロー・ストーン
	★アッシュル（カルア・シルカ）	●コトルの自然・文化-歴史地域
	★シルヴァンシャーの宮殿と乙女の塔がある城塞都市バクー	
	★カトマンズ渓谷	
2004年	★バムの文化的景観	○ルウェンゾリ山地国立公園
	★ケルン大聖堂	●アンコール
	★キルワ・キシワーニとソンゴ・ムナラの遺跡	●バフラ城塞
2005年	★ハンバーストーンとサンタ・ラウラの硝石工場	○サンガイ国立公園
	★コロとその港	●トンブクトゥー
		●ブトリント

図表で見るユネスコ世界遺産

登録(解除)年	登　録　物　件	解　除　物　件
2006年	★ドレスデンのエルベ渓谷 ★コソヴォの中世の記念物群	○ジュジ国立鳥類保護区 ○イシュケウル国立公園 ●ティパサ ●ハンピの建造物群 ●ケルン大聖堂
2007年	☆ガラパゴス諸島 ☆ニオコロ・コバ国立公園 ★サーマッラの考古学都市	○エバーグレーズ国立公園 ○リオ・プラターノ生物圏保護区 ●アボメイの王宮 ●カトマンズ渓谷
2009年	☆ベリーズ珊瑚礁保護区 ☆ロス・カティオス国立公園 ★ムツヘータの歴史的建造物群 ドレスデンのエルベ渓谷―(登録抹消)	●シルヴァンシャーの宮殿と 　　乙女の塔がある城塞都市バクー
2010年	☆アツィナナナの雨林群 ☆エバーグレーズ国立公園 ★バグラチ大聖堂とゲラチ修道院 ★カスビのブガンダ王族の墓	○ガラパゴス諸島
2011年	☆スマトラの熱帯雨林遺産 ☆リオ・プラターノ生物圏保護区	○マナス野生動物保護区
2012年	★トンブクトゥー ★アスキアの墓 ★イエスの生誕地：ベツレヘムの聖誕教会と巡礼の道 ★リヴァプール−海商都市 ★パナマのカリブ海沿岸のポルトベロ-サン・ロレンソの要塞群	●ラホールの城塞とシャリマール 庭園 ●フィリピンのコルディリェラ 山脈の棚田群
2013年	☆イースト・レンネル ★古代都市ダマスカス ★古代都市ボスラ ★パルミラの遺跡 ★古代都市アレッポ ★シュバリエ城とサラ・ディーン城塞 ★シリア北部の古村群	●バムとその文化的景観
2014年	☆セルース動物保護区 ★ポトシ市街 ★オリーブとワインの地パレスチナ − 　　エルサレム南部のバティール村の文化的景観	●キルワ・キシワーニと 　ソンゴ・ムナラの遺跡
2015年	★ハトラ ★サナアの旧市街 ★シバーム城塞都市	○ロス・カティオス国立公園
2016年	★ジェンネの旧市街 ★キレーネの考古学遺跡 ★レプティス・マグナの考古学遺跡 ★サブラタの考古学遺跡 ★タドラート・アカクスの岩絵 ★ガダミースの旧市街 ★シャフリサーブスの歴史地区 ★ナン・マドール：東ミクロネシアの祭祀センター	●ムツヘータの歴史的建造物群
2017年	★ウィーンの歴史地区 ★ヘブロン/アル・ハリルの旧市街	○シミエン国立公園 ○コモエ国立公園 ●ゲラチ修道院
2018年	☆ツルカナ湖の国立公園群	○ベリーズ珊瑚礁保護区
2019年	☆カリフォルニア湾の諸島と保護地域	●イエスの生誕地：ベツレヘム の聖誕教会と巡礼の道 ●ハンバーストーンと 　サンタ・ラウラの硝石工場群
2021年	★ロシア・モンタナの鉱山景観	○サロンガ国立公園 ●リヴァプール−海商都市― 　(登録抹消)

☆危機遺産に登録された自然遺産　　　●危機遺産から解除された文化遺産
★危機遺産に登録された文化遺産　　　○危機遺産から解除された自然遺産

図表で見るユネスコ世界遺産

第44回世界遺産委員会福州・オンライン拡大会議　新登録物件等

〈新登録物件〉（30か国　34物件　自然 5　複合 0　文化 29）

（アフリカ 2　アラブ諸国 2　アジア・太平洋 0
ヨーロッパ・北アメリカ 17　ラテンアメリカ 4）

＜自然遺産＞

日本　　　○奄美大島、徳之島、沖縄島北部及び西表島
　　　　　（Amami-Oshima Island, Tokunoshima Island, Northern part of Okinawa Island,
　　　　　 and Iriomote Islan）登録基準(x)

ジョージア　○コルキスの雨林群と湿地群（Colchic Rainforests and Wetlands）
　　　　　登録基準(ix)(x)

韓国　　　○韓国の干潟（Getbol, Korean Tidal Flats）登録基準(x)

タイ　　　○ケーン・クラチャン森林保護区群（Kaeng Krachan Forest Complex）登録基準(x)

ガボン　　○イヴィンド国立公園（Ivindo National Park）登録基準(ix)(x)

＜複合遺産＞　　該当なし

＜文化遺産＞

コートジボワール
　　　　　●コートジボワール北部のスーダン様式のモスク群
　　　　　（Sudanese style mosques in northern Côte d'Ivoire）　登録基準(ii)(iv)

サウジアラビア
　　　　　●ヒマーの文化地域（Ḥimā Cultural Area）　登録基準(iii)

ヨルダン　●サルト ― 寛容と都会的ホスピタリティの場所
　　　　　（As-Salt - The Place of Tolerance and Urban Hospitality）
　　　　　登録基準(ii)(iii)

イラン　　●イラン縦貫鉄道（Trans-Iranian Railway）　登録基準(ii)(iv)

イラン　　●ハウラマン／ウラマナトの文化的景観
　　　　　（Cultural Landscape of Hawraman/Uramanat）
　　　　　登録基準(iii)(v)

インド　　●テランガーナ州のカカティヤ・ルドレシュワラ（ラマッパ）寺院
　　　　　（Kakatiya Rudreshwara (Ramappa) Temple, Telangana）　登録基準(i)(iii)

インド　　●ドーラビーラ ： ハラッパーの都市
　　　　　（Dholavira: A Harappan City）　登録基準(iii)(iv)）

中国　　　●泉州：宋元中国の世界海洋商業・貿易センター
　　　　　（Quanzhou: Emporium of the World in Song-Yuan China）　登録基準(iv)

日本	●北海道・北東北の縄文遺跡群 （Jomon Prehistoric Sites in Northern Japan） 　登録基準（ⅲ）（ⅴ）
トルコ	●アルスラーンテペの墳丘 （Arslantepe Mound） 登録基準（ⅲ）
スペイン	●パセオ・デル・アルテとブエン・レティーロ宮殿、芸術と科学の景観 　（Paseo del Prado and Buen Retiro, a landscape of Arts and Sciences） 　登録基準（ⅱ）（ⅳ）（ⅵ）
フランス	●コルドゥアン灯台 （Cordouan Lighthouse） 登録基準（ⅰ）（ⅳ）
フランス	●ニース、冬のリゾート地リヴィエラ 　（Nice, Winter Resort Town of the Riviera）　登録基準（ⅱ）
イタリア	●パドヴァ・ウルブス・ピクタ：ジョットのスクロヴェーニ礼拝堂とパドヴァの 　14世紀のフレスコ画作品群 　（'Padova Urbs picta', Giotto's Scrovegni Chapel and Padua's fourteenth-century fresco cycles） 　登録基準（ⅱ）
イタリア	●ボローニャの柱廊群 （The Porticoes of Bologna） 登録基準（ⅳ）
英国	●ウェールズ北西部のスレートの景観 　（The Slate Landscape of Northwest Wales） 登録基準（ⅱ）（ⅳ）
オーストリア／ベルギー／チェコ／フランス／ドイツ／イタリア／英国	
	●ヨーロッパの大温泉群 （The Great Spas of Europe）　登録基準（ⅱ）（ⅲ）
ベルギー ／ オランダ	
	●博愛の植民地群 （Colonies of Benevolence） 登録基準（ⅱ）（ⅳ）
ドイツ ／ オランダ	
	●ローマ帝国の国境線―低地ゲルマニアのリーメス 　（Frontiers of the Roman Empire – The Lower German Limes）　登録基準（ⅱ）（ⅲ）（ⅳ） ）
オーストリア ／ ドイツ ／ハンガリー ／ スロヴァキア	
	●ローマ帝国の国境線-ドナウのリーメス （西部分） 　（Frontiers of the Roman Empire – The Danube Limes (Western Segment) ） 　登録基準（ⅱ）（ⅲ）（ⅳ）
ドイツ	●ダルムシュタットのマチルダの丘 （Mathildenhöhe Darmstadt）　登録基準（ⅱ）（ⅳ）
ドイツ	●シュパイアー、ヴォルムス、マインツのShUM遺跡群 　（ShUM Sites of Speyer, Worms and Mainz） 　登録基準（ⅱ）（ⅲ）（ⅵ）
スロヴェニア	●リュブリャナのヨジェ・プレチニックの作品群 ― 人を中心とした都市計画 　（The works of Jože Plečnik in Ljubljana – Human Centred Urban Design） 　登録基準（ⅳ）
ルーマニア	●ロシア・モンタナの鉱山景観 　（Roşia Montană Mining Landscape）　登録基準（ⅱ）（ⅲ）（ⅳ）
ロシア連邦	●オネガ湖と白海のペトログリフ （Petroglyphs of Lake Onega and the White Sea） 　登録基準（ⅲ）
ペルー	●チャンキーヨの太陽観測と儀式の中心地 　（Chankillo Solar Observatory and ceremonial center） 登録基準（ⅰ）（ⅳ） 　登録基準（ⅱ）（ⅳ）

新登録物件及び登録範囲の拡大物件等

シンクタンクせとうち総合研究機構　　○ 自然遺産　● 文化遺産　◎ 複合遺産

ブラジル　●ロバート・ブール・マルクスの仕事場（Sítio Roberto Burle Marx）
　　　　　　　登録基準（ii）（iv）

ウルグアイ　●エンジニア、エラディオ・ディエステの作品：アトランティダの聖堂
　　　　　　（The work of engineer Eladio Dieste: Church of Atlántida）　登録基準（iv）

チリ　　　●アリカ・イ・パリナコータ州のチンチョーロ文化の集落とミイラ製造法
　　　　　　（Settlement and Artificial Mummification of the Chinchorro Culture in the Arica
　　　　　　and Parinacota Region）　登録基準（iii）（v）

〈登録範囲の拡大〉（3物件　自然 1　文　化 2　複合 0）

オランダ　●オランダの水利防塞線（Dutch Water Defence Lines）
　　　　　　　登録基準（ii）（iv）（v）　1996年／2021年

メキシコ　●トラスカラの聖母被昇天大聖堂とフランシスコ会修道院の建造物群
　　　　　　（Franciscan Ensemble of the Monastery and Cathedral of Our Lady of the Assumption
　　　　　　of Tlaxcala）　登録基準（ii）（iv））　1994年／2021年

アルバニア、<u>オーストリア</u>、ベルギー、ボスニアヘルツェゴビナ、ブルガリア、クロアチア、
<u>チェコ</u>、<u>フランス</u>、ドイツ、イタリア、<u>北マケドニア</u>、<u>ポーランド</u>、ルーマニア、
スロヴェニア、スロヴァキア、スペイン、<u>スイス</u>、ウクライナ（12か国→18か国　6か国追加）
　　　　　　○カルパチア山脈とヨーロッパの他の地域の原生ブナ林群
　　　　　　（Ancient and Primeval Beech Forests of the Carpathians and Other Regions of Europe）
　　　　　　登録基準（ix）　2007年／2011年／2017年／2021年

〈危機遺産リストからの解除〉（2か国　2物件　自然 1　文化 1　複合 0）

コンゴ民主共和国
　　　　　　○サロンガ国立公園（Salonga National Park）
　　　　　　　自然遺産（登録基準（vii）（ix））　1984年　★【危機遺産】1999年
　　　　　　　　理由：密猟などの保護管理状況が改善されたことによる。

英国　　　●リヴァプールー海商都市（Liverpool – Maritime Mercantile City）
　　　　　　　文化遺産（登録基準（ii）（iii）（iv））　2004年　★【危機遺産】2012年
　　　　　　　2021年登録抹消
　　　　　　　　理由：世界遺産リストからの登録抹消による。

〈危機遺産リストへの登録〉（1か国　1物件　○自然 0　●文化 1）

ルーマニア　●ロシア・モンタナの鉱山景観（Roşia Montană Mining Landscape）
　　　　　　　文化遺産（登録基準（ii）（iii）（iv））　2021年　★【危機遺産】2021年
　　　　　　　　理由：多国籍企業による金の露天掘りによる類いない文化的景観が
　　　　　　　　　　　損なわれるなど計り知れない影響が懸念されることによる。

新登録物件及び登録範囲の拡大物件等

〈世界遺産リストからの抹消〉（1か国　1物件　○自然 0　●文化 1）

英国　　　●リヴァプール-海商都市（Liverpool-Maritime Mercantile City）
　　　　　文化遺産（登録基準(ii)(iii)(iv)）　　2004年　★【危機遺産】2012年
　　　　　2021年登録抹消
　　　　　　理由：19世紀の面影を残す街並みが世界遺産に登録されていたが、
　　　　　　　　　その後の都市開発で歴史的景観が破壊された。

〈登録遺産名の変更〉（4か国　4物件　○自然 1　●文化 3）

オーストラリア
　　　　　　　○クガリ（フレーザー島）（K'gari (Fraser Island)）
　　　　　　　　←　フレーザー島（Fraser Island）
カザフスタン　●タンバリの考古的景観にある岩絵群
　　　　　（Petroglyphs within the Archaeological Landscape of Tamgaly）
　　　　　　　←　タムガリの考古的景観にある岩絵群
　　　　　　　　　（Petroglyphs of the Archaeological Landscape of Tanbaly）
サウジアラビア
　　　　　　●ヘグラの考古遺跡（アル・ヒジュル/マダイン・サーレハ）
　　　　　　（Al-Hijr Archaeological Site (Madâin Sâlih)）
　　　　　　　←　アル＝ヒジュルの考古遺跡（マダイン・サーレハ）
　　　　　　　　　（Hegra Archaeological Site (al-Hijr / Madāʾin Ṣāliḥ)）

スペイン　　●タッラコの考古遺跡群（Archaeological Ensemble of Tárraco）
　　　　　　　←　タラゴナの考古遺跡群（Archaeological Ensemble of Tarraco）

オランダ　　●オランダの水利防塞線（Dutch Water Defence Lines）
　　　　　　　←　アムステルダムの防塞線（Defence Line of Amsterdam）

メキシコ　　●トラスカラの聖母被昇天大聖堂とフランシスコ会修道院の建造物群
　　　　　　　（Franciscan Ensemble of the Monastery and Cathedral of Our Lady
　　　　　　　of the Assumption of Tlaxcala）
　　　　　　　←　ポポカテペトル山腹の16世紀初頭の修道院群
　　　　　　　　　（Earliest 16th-Century Monasteries on the Slopes of Popocatepetl）

新登録物件及び登録範囲の拡大物件等

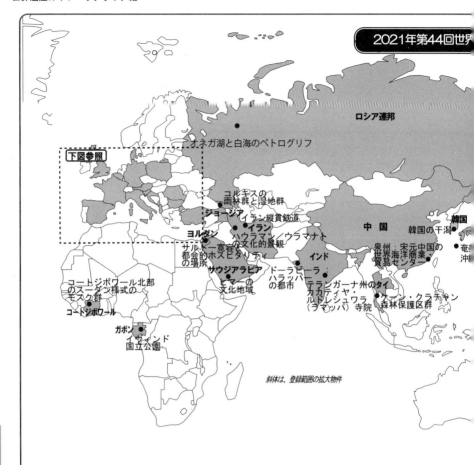

2021年第44回世界

下図参照

ロシア連邦

オネガ湖と白海のペトログリフ

コルキスの
雨林群と湿地群
ジョージア
イラン縦貫鉄道
ヨルダン
イラン
ハウラマン／ウラマナト
の文化的景観
サルトー寛容と
都会的ホスピタリティ
の場所
サウジアラビア
マーンの
文化地域
コートジボワール北部
のスーダン様式の
モスク群
コートジボワール
ドーラビーラ：
ハラッパーの都市
テランガーナ州の
カカティヤ・
ルドレシュワラ
（ラマッパ）寺院

中　国

韓国の干潟

韓国

泉州：宋元中国の
世界海洋商業・
貿易センター

奄
沖

インド

ガボン
イヴィンド
国立公園

ケーン・クラチャン
森林保護区群
タイ

斜体は、登録範囲の拡大物件

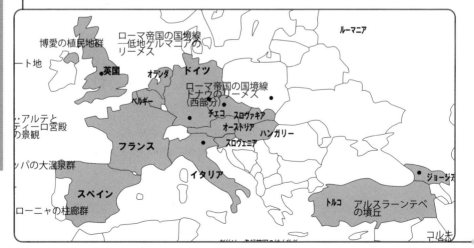

博愛の植民地群

ート地

ローマ帝国の国境線
ー低地ゲルマニアの
リーメス

ルーマニア

英国

オランダ

ドイツ

ベルギー

・アルテと
ティーロ宮殿
の景観

ローマ帝国の国境線
ドナウのリーメス
（西部分）
チェコ
スロヴァキア

フランス

オーストリア

ハンガリー

スロヴェニア

ッパの大温泉群

イタリア

ローニャの柱廊群

スペイン

ジョージ

トルコ

アルスラーンテペ
の墳丘

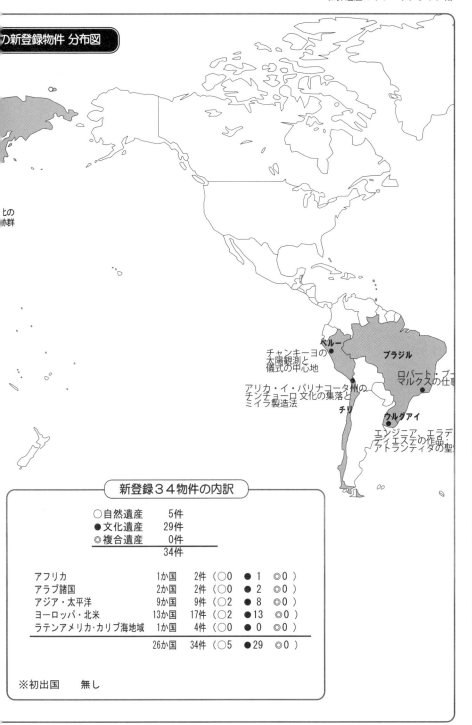

の新登録物件 分布図

化の
赤群

チャンキーヨの
太陽観測と
儀式の中心地

ベルー

ブラジル

ロバート・ブ
マルクスの仕事

アリカ・イ・パリナコータ州の
チンチョーロ文化の集落と
ミイラ製造法

チリ

ウルグアイ

エンジニア・エラデ
ィオ・ディエステの作品
アトランティダの聖

新登録３４物件の内訳

○自然遺産　　5件
●文化遺産　　29件
◎複合遺産　　0件
　　　　　　　34件

アフリカ	1か国	2件	（○0	●1	◎0 ）
アラブ諸国	2か国	2件	（○0	●2	◎0 ）
アジア・太平洋	9か国	9件	（○2	●8	◎0 ）
ヨーロッパ・北米	13か国	17件	（○2	●13	◎0 ）
ラテンアメリカ・カリブ海地域	1か国	4件	（○0	●0	◎0 ）
	26か国	34件	（○5	●29	◎0 ）

※初出国　　無し

ウクライナの概況

独立広場
首都キエフ（ウクライナ）

ウクライナ

Ukraine

正式名称 ウクライナ

国名の意味 ウクライナは「辺境の地」を意味するウクライナ語の「クライ」に由来来る。

国旗 青と黄の2色の旗は「独立ウクライナの旗」といわれている。
青色は空、金色は小麦を表すという説と、青色は水、金色は火という説がある。

国歌 ウクライナは滅びず **国花** ヒマワリ

国連加盟	1945年	
ユネスコ加盟	1954年	
世界遺産条約締約	1988年	

面積 60万3,700平方キロメートル（日本の約1.6倍）

人口 4,159万人（クリミアを除く）（2021年：ウクライナ国家統計局）

首都 キエフ

民族 ウクライナ人（77.8%）、ロシア人（17.3%）、ベラルーシ人（0.6%）、モルドバ人、クリミア・タタール人、ユダヤ人等（2001年国勢調査）

言語 ウクライナ語（国家語）、その他ロシア語等

宗教 ウクライナ正教及び東方カトリック教。その他、ローマ・カトリック教、イスラム教、ユダヤ教等。

略史 キエフ・ルーシ（ロシアの政治，経済，文化の中心がキエフにあったキエフ時代）の成立

1240年	モンゴル軍キエフ攻略
1340年	ポーランドの東ガリツィア地方占領
1362年	リトアニアのキエフ占領
1648年	フメリニツキーの蜂起（ポーランドからの独立戦争）
1654年	ペレヤスラフ協定
1764年	ポルタヴァの戦い（ロシアからの独立戦争）
1853年	クリミア戦争
1914年	第一次世界大戦
1917年	ウクライナ人民共和国（中央ラーダ政権）成立
1917年～1921年	ウクライナ・ソビエト戦争
1922年	ソビエト社会主義共和国連邦成立
1932年	大飢饉（ホロドモール）
1939年	第二次世界大戦
1941年	独ソ戦開始、独によるウクライナ占領
1954年	クリミアをウクライナに編入
1986年	チェルノブイリ原発事故
1991年	ウクライナ独立、ソ連邦崩壊、CIS創設
1996年	憲法制定、通貨フリヴニャ導入
2004年	オレンジ革命
2013年～2014年	マイダン革命（尊厳の革命）

自然環境

山脈 クリミア山脈、カルパティア山脈、カルパト山脈

半島 ククリミア半島

地峡 ペレコープ地峡

河川 ドニエプル川、ドネツ川、ドニエステル川、ブーフ川

デルタ ドナウ・デルタ

海 黒海、アゾフ海

気候 温暖な大陸性気候、地中海性気候

政治体制

政体 共和制

元首　ヴォロディミル・ゼレンスキー大統領（2019年5月〜）
議会　(1)　ウクライナ最高会議（定数450名、任期5年）
　　　(2)　議長：ルスラン・ステファンチューク（2021年10月〜）
　　　(3)　国民奉仕者党による単独与党
政府　(1)　首相　デニス・シュミハリ（2020年3月〜）
　　　(2)　外相　ドミトロ・クレーバ（2020年3月〜）
主要都市　キエフ（首都）、ハルキウ（ハルキウ州）、オデッサ（オデッサ州）、
ドニプロペトロウシク（ドニプロペトロウシク州）、ドネツィク（ドネツィク州）、
ザポリージャ（ザポリージャ州）、リヴィウ（リヴィウ州）、
クルィヴィーイ・リーフ（ドニプロペトロウシク州）、
ムィコラーイウ（ムィコラーイウ州）、マリウポリ（ドネツィク州）

外交・国防
軍事力
　東部情勢悪化以降、一時的動員を定期的に実施しつつ、徴兵制を復活させる等、国防力の強化を推進。2019年2月の憲法改正により、将来的なNATO加盟を目指す方針を確定させた。
　ウクライナ国防省が優先的に取り組んでいる課題は、
　(1)　東部地域における武装勢力等への対応、
　(2)　ウクライナ軍のNATO軍標準化に向けた軍改革であり、NATO加盟国及びパートナー国等の各種支援（装備品の供与、教育・訓練支援、戦傷者に対する医療支援、軍改革に係る助言等）を受け、軍のNATO軍標準化に向け着実に取り組んでいる。
　同時に、国内における多国籍軍参加による総合演習の計画及び海外演習への積極的な参加を通じ、パートナー国との防衛協力の進展を図っている。

経済
主要産業（産業別構造比）
　卸売・小売業、自動車・二輪車修理業（14.0%）製造業（10.1%）農業、林業、漁業（9.3%）
　行政・防衛・社会保障（7.2%）不動産業（6.4%）運輸・倉庫業（6.3%）情報・通信（5.0%）
　鉱業・採石業（4.5%）教育（4.3%）専門・科学・技術的活動（3.3%）
　（2020年：ウクライナ国家統計局）
国民総生産（GDP）1,555億ドル（2020年：世銀）
一人当たりGDP　3,726ドル（2020年：世銀）
GDP成長率　3.8%（2021年予測値：世銀）
物価上昇率　2.7%（2020年：世銀）
失業率　9.5%（2020年：世銀）
総貿易額　(1)　輸出492億ドル　(2)　輸入543億ドル（2019年：ウクライナ国家統計局）
主要貿易品目
　(1)　輸出　穀物（19.1%）、鉄・鉄鋼（15.6%）、鉱石（9.0%）、電子機器（5.2%）
　(2)　輸入　鉱物性燃料（14.7%）、機械類（11.2%）、輸送機器（10.1%）、
　　　　　　　電子機器（10.1%）、医薬品（4.6%）（2020年：ウクライナ国家統計局）
主要貿易相手国
　(1)　輸出中国（14%）、ポーランド（7%）、ロシア（6%）
　(2)　輸入中国（15%）、ドイツ（10%）、ロシア（8%）（2020年：ウクライナ国家統計局）
通貨　フリヴニャ（UAH：hryvnia）
為替レート　1米ドル=26.99フリヴニャ（2021年12月15日現在：ウクライナ中央銀行）
経済協力
日本の援助実績
　(1)　有償資金協力　1,690億円
　(2)　無償資金協力　98億円
　(3)　金融支援　　　580億円

（4）チェルノブイリ・核不拡散関連支援　　218億円

（5）技術協力　94億円

主要援助国

日本、EU、米国、ドイツ、カナダ、英国、スウェーデン、スイス、ポーランド、ノルウェー等

二国間関係

　政治関係

　（1）国家承認日　1991年12月28日

　（2）外交関係開設日　1992年1月26日

　（3）在ウクライナ日本大使館開館　1993年1月（在京ウクライナ大使館は1994年9月に開館）

　経済関係

　（1）日本の対ウクライナ貿易（2020年：財務省貿易統計）

　　（ア）輸出　541.8億円（イ）輸入　568.8億円

　（2）主要品目（2020年：ウクライナ国家統計局）

　　（ア）輸出　自動車、機械・装置類、光学機器、医薬品、電気電子機器

　　（イ）輸入　鉱石、タバコ、アルミニウム、水産物、化学製品、木材加工品

　（3）進出企業（2021年8月）　38社

　　＜ウクライナに現地法人を持つ日本企業＞

　　アウトソーシング、双日、武田薬品工業、富士フイルム、コニカミノルタ、

　　住友電気工業、マキタ、パナソニック、横河電機、キヤノン、伊藤忠商事、

　　住友商事、三菱商事、矢崎総業

　（4）日本からの直接投資（2021年6月末時点の累計：ウクライナ国立銀行）

　　1億8,740万米ドル

文化関係

　博物館　国立チェルノブイリ博物館、大祖国戦争博物館、ウクライナ歴史博物館

　　　　　　薬局博物館、国立シェフチェンコ記念博物館、国立ウクライナ民族装飾美術博物館

　　　　　　オデッサ考古学博物館、1本道の博物館、6番目 歴史博物館、武器博物館アルセナール

　　　　　　リヴィウ民族建築 風俗習慣博物館、民族建築と生活博物館、

　　　　　　ウクライナ歴史文化財博物館、リヴィウ歴史博物館

　美術館　ウクライナ国立美術館

　記念館　プーシキン文学記念館

　世界遺産

　❶キエフの聖ソフィア大聖堂と修道院群、キエフ・ペチェルスカヤ大修道院

　　（Kyiv:Saint-Sophia Cathedral and Related　Monastic Buildings, Kiev-Pechersk Lavra）

　❷リヴィフの歴史地区（L'viv-the Ensemble of the Historic Centre）

　❸シュトルーヴェの測地弧（Struve Geodetic Arc）

　　スウェーデン／ノルウェー／フィンランド／エストニア／ラトヴィア／リトアニア／

　　ロシア連邦／ベラルーシ／ウクライナ／モルドヴァ

　④カルパチア山脈とヨーロッパの他の地域の原生ブナ林群

　　（Primeval Beech Forests of the Carpathians and Other Regions of Europe）

　　ウクライナ／スロヴァキア／ドイツ／スペイン／イタリア／ベルギー／オーストリア／

　　ルーマニア／ブルガリア／スロヴェニア／クロアチア／アルバニア

　❺ブコヴィナ・ダルマチア府主教の邸宅

　　（Residence of Bukovinian and Dalmatian Metropolitans）

　❻ポーランドとウクライナのカルパチア地方の木造教会群

　　（Wooden *Tserkvas* of the Carpathian Region in Poland and Ukraine）

　❼タウリカ・ケルソネソスの古代都市とそのホラ

　　（Ancient City of Tauric Chersonese and its Chora）

世界無形文化遺産

❶ウクライナ装飾民俗芸術の事象としてのペトリキフカの装飾絵画
　（Petrykivka decorative painting as a phenomenon of the Ukrainian ornamental folk art）　2013年
❷コシウの彩色陶器の伝統（Tradition of Kosiv painted ceramics）　2019年
❸オルネック、クリミア・タタール人の装飾と関連知識　*New*
　（Ornek、a Crimean Tatar ornament and knowledge about it）　2021年
① ドニプロペトロウシク州のコサックの歌
　（Cossack's songs of Dnipropetrovsk Region）　2016年

世界の記憶
■1■ユダヤ民族の民俗音楽集（1912～1947年）
　（Collection of Jewish Musical Folklore（1912-1947））2005年登録
　＜所蔵機関＞ウクライナ国立ベルナツキー図書館（キエフ）
■2■ラズヴィウ年代記とネスヴィジ図書館のコレクション
　（Radzwills' Archives and Niasvizh（Nieśwież）Library Collection）2009年登録
　ベラルーシ／フィンランド／リトアニア／ポーランド／ロシア連邦／ウクライナ
　＜所蔵機関＞ウクライナ国立中央公文書館（キエフ）
■3■ルブリン合同法の記録（The Act of the Union of Lublin document）　2017年登録
　ポーランド／リトアニア／ウクライナ／ベラルーシ／ラトヴィア
　＜所蔵機関＞歴史記録公文書館（ポーランド・ワルシャワ）
■4■チェルノブイリ原子力発電所事故に関連する記録遺産
　（Documentary Heritage Related to accident at Chernobyl）　2017年登録
　＜所蔵機関＞ウクライナ政府アーカイヴ（キエフ）

ウクライナの民謡　ピドゥマヌラ・ピドゥヴェラ、愛しのペトリューシャ、若者よ、馬の頚木を外せ、広きドニエプルの嵐、小さなグミの木、コサックはドナウを越えて、ドナウよドナウ、美しいミンカ（かわいいミンカ）、ウクライナの子守唄　夢は窓辺を過ぎて、キエフの鳥の歌

日本との文化関係
　2017年は日本とウクライナとの外交関係樹立25周年に当たり、同年を「ウクライナにおける日本年」と位置づけ、ウクライナ各地で様々な日本文化行事が開催された。
姉妹都市　京都市とキエフ市、横浜市とオデッサ市
在留邦人数　251名（2021年12月時点）　**在日当該国人数**　1,865名（2020年12月：法務省）
二国間条約・取極
　1995年3月 日ソ間で結んだ条約の承継を確認
　2004年6月 技術協力・無償資金協力協定
　2008年3月　京都議定書の下での共同実施（JI）及びグリーン投資スキーム（GIS）
　　　　　　における協力に関する覚書
　2012年5月　原子力発電所における事故へのその後の対応を推進するための協力に関する
　　　　　　日本国政府とウクライナ政府との間の協定
　2015年11月　投資協定発効
　2016年 4月　青年・スポーツ分野における協力に関する覚書
　2018年10月　防衛協力・交流覚書
　2021年10月　宇宙分野における協力に関する覚書
駐日ウクライナ大使館・総領事館
ウクライナ大使館(Embassy of Ukraine in Japan)
　〒106-0031　東京都港区西麻布3-5-31　電話：03-5474-9770
　特命全権大使：セルギー・コルスンスキー　閣下（His Excellency Mr. Sergiy KORSUNSKY）
日本国大使館
　住所: 4, Muzeiny Lane, Kyiv, 01001, Ukraine　電話：+380-44-490-5500

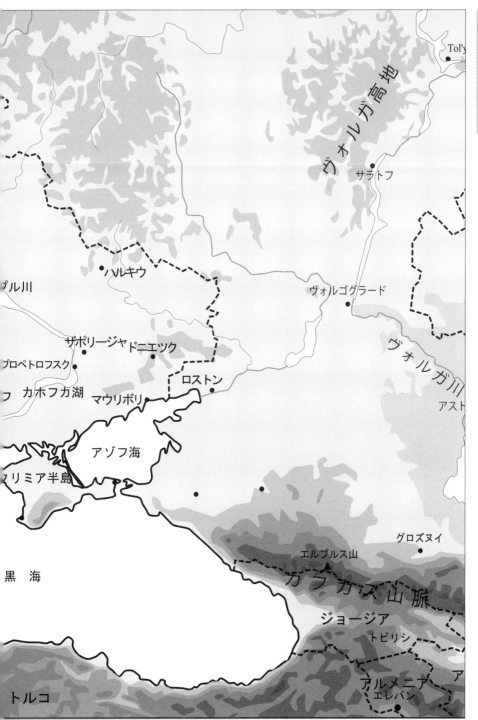

Tol'y

サラトフ

ヴォルガ高地

ハルキウ

ヴォルゴグラード

ザポリージャ ドニエツク

プロペトロフスク

カホフカ湖

マウリボリ

ロストン

ヴォルガ川

アスト

アゾフ海

クリミア半島

グロズヌイ

エルブルス山

黒　海

カフカス山脈

ジョージア

トビリシ

ア

アルメニア
エレバン

トルコ

ウクライナのユネスコ遺産　概説

ウクライナ装飾民俗芸術の事象としてのペトリキフカの装飾絵画
（Petrykivka decorative painting as a phenomenon of the Ukrainian ornamental folk art）

　本書では、ウクライナの「世界遺産」はじめとする「ユネスコ遺産」を特集する。ロシア連邦の軍事侵攻によって、ウクライナの国は、危機的な状況に瀕している。長年、ユネスコ遺産（「世界遺産」「世界無形文化遺産」「世界の記憶」）を研究してきた観点から、ウクライナにある世界的な「顕著な普遍的価値」を有する「世界遺産」、グローバル化によって失われつつある「世界無形文化遺産」、われわれ人類にとって忘れてはならない「世界の記憶」にはどの様なものがあるのかを把握し、「人命」と同様に、ありゆる「脅威」や「危険」からこれらを守っていかなければならない。

　ウクライナは、東はロシア、西はポーランド、スロバキア、ハンガリー、南はルーマニア、モルドバ、北はベラルーシと国境を接し、アゾフ海、黒海に沿った海岸線を持っている東ヨーロッパにある国である。

　ウクライナの国土のほとんどは、肥沃な平原、ステップ（草原）、高原で占められている。ドニエプル川、ドネツ川、ドニエステル川が横切っており、南のブーフ川とともに、黒海、アゾフ海に注ぎ込んでいる。黒海北岸にはクリミア半島が突き出しており、ペレコープ地峡でウクライナ本土とつながっている。南西部にあるドナウ・デルタはルーマニアとの国境になっている。

　山岳地帯は、ウクライナの最南端のクリミア山脈と西部のカルパティア山脈だけである。最高峰はカルパト山脈にあるホヴェールラ山で、標高2,061メートル。これ以外の地域も平坦というわけではなく、東ヨーロッパの中では比較的起伏の多い地形をしている。

　ウクライナは多民族国家である。主要民族はウクライナ人で、全人口の約8割を占める。ロシア人は約2割を占める。ほかに少数民族としてクリミア・タタール人、モルドヴァ人、ブルガリア人、ハンガリー人、ルーマニア人、ユダヤ人がいる。高麗人も約1万人ほどいる。

　ウクライナは、1988年10月12日に世界では104番目に世界遺産条約を締約、2022年3月現在、ウクライナの世界遺産の数は7件です。ウクライナ最初の世界遺産は、1990年に登録された「キエフの聖ソフィア大聖堂と修道院群、キエフ・ペチェルスカヤ大修道院」（文化遺産（登録基準(i)(ii)(iii)(iv)）、その後、1998年に「リヴィフの歴史地区」（文化遺産（登録基準(ii)(v)））、2005年に「シュトルーヴェの測地弧」（文化遺産（登録基準(ii)(iv)(vi)））、2007年に「カルパチア山脈とヨーロッパの他の地域の原生ブナ林群」（自然遺産（登録基準(ix)））、2011年に「ブコヴィナ・ダルマチア府主教の邸宅」（文化遺産（登録基準(ii)(iii)(iv)））、2013年には「ポーランドとウクライナのカルパチア地方の木造教会群」（文化遺産（登録基準(iii)(iv)）と「タウリカ・ケルソネソスの古代都市とそのホラ」（文化遺産（登録基準(ii)(v)）の2件が登録された。

　また、世界遺産暫定リストには、「考古学遺跡「石の墓」」、「ウクライナの天文台群」、「クリミアハンのバフチサライ宮殿」、「6～16世紀のスダク要塞」、「クリミア・ゴートの「洞窟の町」の文化的景観」、「カームヤネツィ・ポジーリシクィイの渓谷の文化的景観」、「国立デンドロロジー公園「ソフィイイフカ」」、「デルズプロム（州産業ビル）」、「港町オデッサの歴史地区」、「9～13世紀のチェルニヒウの歴史地区」、「キエフ：聖ソフィア大聖堂と関連する修道院群、聖キリル教会と聖アンドリュー教会、キエフ・ペチェールシク大修道院（キエフの聖ソフィア大聖堂と修道院群、キエフ・ペチェルスカヤ大修道院の登録範囲の拡大）」、「ニコラ

エフ天文台」、「国立ステップ生物圏保護区「アスカニア・ノヴァ」」、「タラス・シェフチェンコの墓と歴史・自然ミュージアム保護区」、「バフチサライのクリミア・ハン国の首都の歴史的建造物群」、「地中海から黒海へのジェノバ交易道上の交易所群と要塞群」、「黒海からバルト海への道上のチーラ－ビルホロド（アッカーマン）」の17件が記載されている。

ウクライナの自然遺産関係は、エコロジー・天然資源省、文化遺産関係は、文化省が管理している。

世界無形文化遺産については、2008年5月に世界では96番目に無形文化遺産保護条約を締約、世界無形文化遺産の数は4件である。

「代表リスト」には「ウクライナ装飾民俗芸術の事象としてのペトリキフカの装飾絵画」（2013年）、「コシウの彩色陶器の伝統」（2019年）、「オルネック、クリミア・タタール人の装飾と関連知識」（2021年）の3件が登録されている。

「緊急保護リスト」には「ドニプロペトロウシク州のコサックの歌」（2016年）の1件が登録されている。

世界の記憶については、「ユダヤ民族の民俗音楽集（1912〜1947年）」（2005年）、「ラズヴィウ年代記とネスヴィジ図書館のコレクション」（2009年）、「ルブリン合同法の記録」（2017年）、「チェルノブイリ原子力発電所事故に関連する記録遺産」（2017年）の4件が登録されている。

ユネスコ（国際連合教育科学文化機関）は、2022年3月3日に「国連総会決議採択に伴うユネスコ声明」を発表。このなかでオドレー・アズレー事務局長は、「この暴力の激化——子供を含む市民の死者をもたらしている——はまったく容認できない」としつつ、ウクライナの文化財に対する攻撃を非難。1954年の「武力紛争の際の文化財の保護に関する条約」（ハーグ条約）とその2つの議定書（1954年、1999年）を尊重するよう求めている。

このままでは、ウクライナの世界遺産は、アフガニスタン、イラク、シリアの様に、その多くを「危機にさらされている世界遺産」（危機遺産）に登録せざるを得ない。

皮肉にも。現在の世界遺産委員会の議長国はロシア連邦。議長はユネスコ全権大使のアレクサンダー・クズネツォフ氏(H. E. Mr Alexander Kuznetsov) 氏が務めている。また、今年の第45回世界遺産委員会は、6月19日〜30日に、ロシア連邦のカザン市で開催されることになっているが、今のままでは。予定通り開催されるとは思えない。

人類の英知を結集し、ウクライナの貴重な自然遺産や文化遺産を守りたい。

2022年3月　古田陽久

ウクライナのユネスコ遺産　概説

＜参考＞ 世界遺産、世界無形文化遺産、世界の記憶の違い

世界無形文化遺産の概要

	世 界 遺 産	世界無形文化遺産	世界の記憶
準 拠	世界の文化遺産および自然遺産の保護に関する条約（略称 ： 世界遺産条約）	無形文化遺産の保護に関する条約（略称：無形文化遺産保護条約）	メモリー・オブ・ザ・ワールド・プログラム（略称：MOW）＊条約ではない
採択・開始	1972年	2003年	1992年
目 的	かけがえのない遺産をあらゆる脅威や危険から守る為に、その重要性を広く世界に呼びかけ、保護・保全の為の国際協力を推進する。	グローバル化により失われつつある多様な文化を守るため、無形文化遺産尊重の意識を向上させ、その保護に関する国際協力を促進する。	人類の歴史的な文書や記録など、忘却してはならない貴重な記録遺産を登録し、最新のデジタル技術などで保存し、広く公開する。
対 象	有形の不動産（文化遺産、自然遺産）	文化の表現形態 ・口承及び表現 ・芸能 ・社会的慣習、儀式及び祭礼行事 ・自然及び万物に関する知識及び慣習 ・伝統工芸技術	・文書類（手稿、写本、書籍等） ・非文書類（映画、音楽、地図等） ・視聴覚類（映画、写真、ディスク等） ・その他　記念碑、碑文など
登録申請	各締約国（194か国）2022年1月現在	各締約国（180か国）2022年1月現在	国、地方自治体、団体、個人など
審議機関	世界遺産委員会（委員国21か国）	無形文化遺産委員会（委員国24か国）	ユネスコ事務局長↑国際諮問委員会
審査評価機関	NGOの専門機関（ICOMOS, ICCROM, IUCN）現地調査と書類審査	無形文化遺産委員会の評価機関6つの専門機関と6人の専門家で構成	国際諮問委員会の補助機関　登録分科会専門機関（IFLA, ICA, ICAAA, ICOM などのNGO）
リスト	世界遺産リスト（1154件）うち日本（25件）	人類の無形文化遺産の代表的なリスト（529件）うち日本（22件）	世界の記憶リスト（427件）うち日本（7件）
登録基準	必要条件 ：10の基準のうち、1つ以上を完全に満たすこと。	必要条件 ：5つの基準を全て満たすこと。	必要条件：5つの基準のうち、1つ以上の世界的な重要性を満たすこと。
	顕著な普遍的価値	コミュニティへの社会的な役割と文化的な意味	世界史上重要な文書や記録
危機リスト	危機にさらされている世界遺産リスト（略称：危機遺産リスト）（52件）	緊急に保護する必要がある無形文化遺産のリスト（71件）	－
基 金	世界遺産基金	無形文化遺産保護基金	世界の記憶基金
事務局	ユネスコ世界遺産センター	ユネスコ文化局無形遺産課	ユネスコ情報・コミュニケーション局知識社会部ユニバーサルアクセス・保存課
指 針	オペレーショナル・ガイドラインズ（世界遺産条約履行の為の作業指針）	オペレーショナル・ディレクティブス（無形文化遺産保護条約履行の為の運用指示書）	ジェネラル・ガイドラインズ（記録遺産保護の為の一般指針）
日本の窓口	外務省、文化庁文化資源活用課環境省、林野庁	外務省、文化庁文化資源活用課	文部科学省日本ユネスコ国内委員会

	世界遺産	世界無形文化遺産	世界の記憶
代表例	＜自然遺産＞ ○ キリマンジャロ国立公園（タンザニア） ○ グレート・バリア・リーフ（オーストラリア） ○ グランド・キャニオン国立公園（米国） ○ ガラパゴス諸島（エクアドル） ＜文化遺産＞ ● アンコール（カンボジア） ● タージ・マハル（インド） ● 万里の長城（中国） ● モン・サン・ミッシェルとその湾（フランス） ● ローマの歴史地区（イタリア・ヴァチカン） ＜複合遺産＞ ◎ 黄山（中国） ◎ トンガリロ国立公園（ニュージーランド） ◎ マチュ・ピチュの歴史保護区（ペルー） など	▣ ジャマ・エル・フナ広場の文化的空間（モロッコ） ▣ ベドウィン族の文化空間（ヨルダン） ▣ ヨガ（インド） ▣ カンボジアの王家の舞踊（カンボジア） ▣ ヴェトナムの宮廷音楽、ニャー・ニャック（ヴェトナム） ▣ イフガオ族のフドフド詠歌（フィリピン） ▣ 端午節（中国） ▣ 江陵端午祭（カンルンタノジュ）（韓国） ▣ コルドバのパティオ祭り（スペイン） ▣ フランスの美食（フランス） ▣ ドゥブロヴニクの守護神聖ブレイズの祝祭（クロアチア） など	◎ アンネ・フランクの日記（オランダ） ◎ ゲーテ・シラー資料館のゲーテの直筆の文学作品（ドイツ） ◎ ブラームスの作品集（オーストリア） ◎ 朝鮮王朝実録（韓国） ◎ 人間と市民の権利の宣言（1789～1791年）（フランス） ◎ 解放闘争の生々しいアーカイヴ・コレクション（南アフリカ） ◎ エレノア・ルーズベルト文書プロジェクトの常設展（米国） ◎ ヴァスコ・ダ・ガマのインドへの最初の航海史1497～1499年（ポルトガル） など
日本関係	（25件） ＜自然遺産＞ ○ 白神山地 ○ 屋久島 ○ 知床 ○ 小笠原諸島 ＜文化遺産＞ ● 法隆寺地域の仏教建造物 ● 姫路城 ● 古都京都の文化財（京都市 宇治市 大津市） ● 白川郷・五箇山の合掌造り集落 ● 広島の平和記念碑（原爆ドーム） ● 厳島神社 ● 古都奈良の文化財 ● 日光の社寺 ● 琉球王国のグスク及び関連遺産群 ● 紀伊山地の霊場と参詣道 ● 石見銀山遺跡とその文化的景観 ● 平泉ー仏国土（浄土）を表す建築・庭園及び考古学的遺跡群ー ● 富士山-信仰の対象と芸術の源泉 ● 富岡製糸場と絹産業遺産群 ● 明治日本の産業革命遺産ー製鉄・製鋼、造船、石炭産業 ● ル・コルビュジエの建築作品ー近代化運動への顕著な貢献 ●「神宿る島」宗像・沖ノ島と関連遺産群 ●長崎と天草地方の潜伏キリシタン関連遺産 ●百舌鳥・古市古墳群 ○奄美大島、徳之島、沖縄島北部及び西表島 ●北海道・北東北の縄文遺跡群	（22件） ▣ 能楽 ▣ 人形浄瑠璃文楽 ▣ 歌舞伎 ▣ 秋保の田植踊（宮城県） ▣ チャッキラコ（神奈川県） ▣ 題目立（奈良県） ▣ 大日堂舞楽（秋田県） ▣ 雅楽 ▣ 早池峰神楽（岩手県） ▣ 小千谷縮・越後上布-新潟県魚沼地方の麻織物の製造技術（新潟県） ▣ 奥能登のあえのこと（石川県） ▣ アイヌ古式舞踊（北海道） ▣ 組踊、伝統的な沖縄の歌劇（沖縄県） ▣ 結城紬、絹織物の生産技術（茨城県、栃木県） ▣ 壬生の花田植、広島県壬生の田植の儀式（広島県） ▣ 佐陀神能、島根県佐太神社の神楽（島根県） ▣ 那智の田楽那智の火祭りで演じられる宗教的な民俗芸能（和歌山県） ▣ 和食；日本人の伝統的な食文化 ▣ 和紙；日本の手漉和紙技術（島根県、岐阜県、埼玉県） ▣ 日本の山・鉾・屋台行事（青森県、埼玉県、京都府など18府県33件） ▣ 来訪神：仮面・仮装の神々（秋田県など8県10件） ▣ 伝統建築工匠の技木造建造物を受け継ぐための伝統技術	（7件） ◎ 山本作兵衛コレクション ＜所蔵機関＞田川市石炭・歴史博物館 福岡県立大学附属研究所（福岡県田川市） ◎ 慶長遣欧使節関係資料（スペインとの共同登録） ＜所蔵機関＞仙台市博物館（仙台市） ◎ 御堂関白記：藤原道長の自筆日記 ＜所蔵機関＞公益財団法人陽明文庫（京都市右京区） ◎ 東寺百合文書 ＜所蔵機関＞京都府立総合資料館（京都市左京区） ◎ 舞鶴への生還ー1946～1953シベリア抑留等日本人の本国への引き揚げの記録 ＜所蔵機関＞舞鶴引揚記念館（京都府舞鶴市） ◎ 上野三碑（こうずけさんぴ） ＜所蔵機関＞高崎市 ◎ 朝鮮通信使に関する記録 17～19世紀の日韓間の平和構築と文化交流の歴史（韓国との共同登録） ＜所蔵機関＞東京国立博物館、長崎県立対馬歴史民俗資料館、日光東照宮など
	※金を中心とする佐渡鉱山の遺産群	※「風流踊」（ふりゅうおどり）	

ウクライナの世界遺産

ウキエフの聖ソフィア大聖堂と修道院群、キエフ・ペチェルスカヤ大修道院
（Kyiv:Saint-Sophia Cathedral and Related Monastic Buildings, Kiev-Pechersk Lavra）
文化遺産（登録基準（i）（ii）（iii）（iv））
1990年／2005年

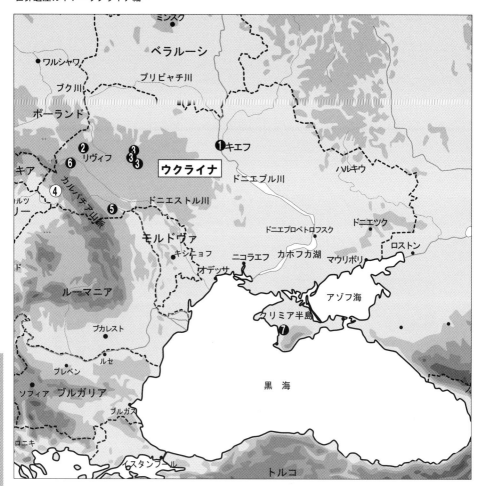

ウクライナ
Ukraine
首都　キエフ
世界遺産の数　7　世界遺産条約締約年　1988年

❶キエフの聖ソフィア大聖堂と修道院群、キエフ・ペチェルスカヤ大修道院
（Kyiv:Saint-Sophia Cathedral and Related　Monastic Buildings, Kiev-Pechersk Lavra）
　文化遺産（登録基準(i)(ii)(iii)(iv)）　1990年／2005年
❷リヴィフの歴史地区（L'viv-the Ensemble of the Historic Centre）
　文化遺産（登録基準(ii)(v)）　1998年／2008年
❸シュトルーヴェの測地弧（Struve Geodetic Arc）
　文化遺産（登録基準(ii)(iv)(vi)）　2005年
　スウェーデン／ノルウェー／フィンランド／エストニア／ラトヴィア／リトアニア／
　ロシア連邦／ベラルーシ／ウクライナ／モルドヴァ

○自然遺産　●文化遺産　□複合遺産　★危機遺産　　　　シンクタンクせとうち総合研究機構

④カルパチア山脈とヨーロッパの他の地域の原生ブナ林群
 （Primeval Beech Forests of the Carpathians and Other Regions of Europe）
  自然遺産（登録基準(ix)）　2007年／2011年／2017年
     ウクライナ／スロヴァキア／ドイツ／スペイン／イタリア／ベルギー／オーストリア／
     ルーマニア／ブルガリア／スロヴェニア／クロアチア／アルバニア
❺ブコヴィナ・ダルマチア府主教の邸宅
 （Residence of Bukovinian and Dalmatian Metropolitans）
  文化遺産（登録基準(ii)(iii)(iv)）　2011年
❻ポーランドとウクライナのカルパチア地方の木造教会群
 （Wooden Tserkvas of the Carpathian Region in Poland and Ukraine）
  文化遺産（登録基準(iii)(iv)）　2013年　ウクライナ／ポーランド
❼タウリカ・ケルソネソスの古代都市とそのホラ
 （Ancient City of Tauric Chersonese and its Chora）
  文化遺産（登録基準(ii)(v)）　2013年

<u>世界遺産暫定リスト記載物件</u>（17件）

※考古学遺跡「石の墓」（2006年8月11日）
※ウクライナの天文台群（2008年1月30日）
※クリミアハンのバフチサライ宮殿（2003年7月7日）
※ 6〜16世紀のスダク要塞（/2007年3月12日）
※クリミア・ゴートの「洞窟の町」の文化的景観（2012年9月24日）
※カームヤネツィ・ポジーリシクィイの渓谷の文化的景観（1989年9月13日）
※国立デンドロロジー公園「ソフィイイフカ」（2000年6月20日）
※デルズプロム（州産業ビル）（2017年4月27日）
※港町オデッサの歴史地区（2009年1月6日）
※9〜13世紀のチェルニヒウの歴史地区（1989年9月13日）
※キエフ：聖ソフィア大聖堂と関連する修道院群、聖キリル教会と聖アンドリュー教会、
　キエフ・ペチェールシク大修道院（キエフの聖ソフィア大聖堂と修道院群、
　キエフ・ペチェルスカヤ大修道院の登録範囲の拡大）（2009年1月26日）
※ニコラエフ天文台（2007年3月12日）
※国立ステップ生物圏保護区「アスカニア・ノヴァ」（1989年9月13日）
※タラス・シェフチェンコの墓と歴史・自然ミュージアム保護区（1989年9月13日）
※バフチサライのクリミア・ハン国の首都の歴史的建造物群（2012年9月24日）
※地中海から黒海へのジェノバ交易道上の交易所群と要塞群（2010年9月16日）
※黒海からバルト海への道上のチーラ - ビルホロド（アッカーマン）（2019年7月22日）

ウクライナの世界遺産

キエフの聖ソフィア大聖堂と修道院群、キエフ・ペチェールシク大修道院

英語名	Kyiv:Saint-Sophia Cathedral and Related Monastic Buildings, Kiev-Pechersk Lavra
遺産種別	文化遺産

登録基準　（ⅰ）人類の創造的天才の傑作を表現するもの。
（ⅱ）ある期間を通じて、または、ある文化圏において、建築、技術、記念碑的芸術、町並み計画、景観デザインの発展に関し、人類の価値の重要な交流を示すもの。
（ⅲ）現存する、または、消滅した文化的伝統、または、文明の、唯一の、または、少なくとも稀な証拠となるもの。
（ⅳ）人類の歴史上重要な時代を例証する、ある形式の建造物、建築物群、技術の集積、または、景観の顕著な例。　。

登録年月　1990年12月（第14回世界遺産委員会カナダ・バンフ会議）

登録遺産の面積　28.52ha　　バッファー・ゾーン　476.08ha

登録遺産の概要　キエフは、ウクライナの首都で、ウクライナの中央部ドニエプル川沿いに開けた町。9世紀末以降キエフ公国の都として発展。10世紀末ウラジミール1世がキリスト教を国教と定め、ビザンチン帝国の例にならって聖堂建築の礎が置かれた。聖ソフィア大聖堂は、11世紀初めウラジミール1世の息子ヤロスラフ公により創建された、キエフに現存する最古の教会。13のドームをもつ多塔型で、内陣に「乙女オランドの像」など11世紀初頭のモザイクやフレスコ画が残る。キエフ・ペチェールシク大修道院は、洞窟修道院上に建つ2層構成となっており、ウスベンスキー寺院は約100mの鐘楼をもち、下は地下墳墓と修道院。洞窟を意味する「ペチェラ」がそのまま修道院の名前となった。11世紀の創建で、ロシア正教を代表する修道院である。

分類　記念碑的建造物群

物件所在地　首都キエフ

構成資産　●聖ソフィア大聖堂（Saint-Sophia Cathedral）
●キエフ・ペチェールシク大修道院（Kyiv-Pechersk Lavra）
●ウスベンスキー寺院（Church of the Saviour at Berestove）

参考URL　ユネスコ世界遺産センター　https://whc.unesco.org/en/list/527

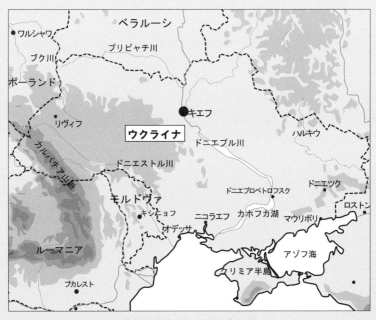

北緯50度27分　東経30度31分

ウクライナの世界遺産

リヴィフの歴史地区

英語名	**L'viv-the Ensemble of the Historic Centre**

遺産種別　　文化遺産

登録基準　　（ii）ある期間を通じて、または、ある文化圏において、建築、技術、記念碑的
　　　　　　　　　芸術、町並み計画、景観デザインの発展に関し、人類の価値の重要な交流
　　　　　　　　　を示すもの。
　　　　　　　（v）特に、回復困難な変化の影響下で損傷されやすい状態にある場合における、
　　　　　　　　　ある文化（または、複数の文化）を代表する伝統的集落、または、土地利用
　　　　　　　　　の顕著な例。

登録年月　　1998年12月（第22回世界遺産委員会京都会議）
　　　　　　　2008年7月（第32回世界遺産委員会カナダ・ケベック会議）

登録遺産の面積　120ha　　バッファー・ゾーン　2,441ha

登録遺産の概要　リヴィフは、ヨーロッパの真珠と呼ばれるウクライナ西部のリヴィフ州の州
都。イタリアやドイツの都市や建築物と共に、東欧において、8000年以上前の建築学的、芸術
的な伝統が融合した顕著な見本である。1256年、ガリチア公ダニール・ロマノビッチが建設し、
以降ガリチア地方の政治・商業の中心都市としての役割を果たしたリヴィフは、多くの異民族
を魅きつけた。

分類　　　　建造物群

物件所在地　　リヴィフ州リヴィフ

構成資産　　●Vysokyi Zamok and Pidzamche, Seredmistia
　　　　　　　●Ensemble of St.Yuri – the Dragonfighter Church

参考URL　　ユネスコ世界遺産センター　**https://whc.unesco.org/en/list/865/**

ウクライナの世界遺産

リヴィフの歴史地区

北緯49度50分, 東経24度1分

シュトルーヴェの測地弧

英語名	**Struve Geodetic Arc**

遺産種別	**文化遺産**

登録基準　(ii) ある期間を通じて、または、ある文化圏において、建築、技術、記念碑的芸術、町並み計画、景観デザインの発展に関し、人類の価値の重要な交流を示すもの。

(iv) 人類の歴史上重要な時代を例証する、ある形式の建造物、建築物群、技術の集積、または、景観の顕著な例。　。

(vi) 顕著な普遍的な意義を有する出来事、現存する伝統、思想、信仰、または、芸術的、文学的作品と、直接に、または、明白に関連するもの。

登録年月　　2005年7月（第29回世界遺産委員会南アフリカ・ダーバン会議）

登録遺産の面積 －　ha　　バッファー・ゾーン　－　ha

登録遺産の概要　シュトルーヴェの測地弧は、ベラルーシ、エストニア、フィンランド、ラトヴィア、リトアニア、ノルウェー、モルドヴァ、ロシア、スウェーデン、ウクライナの10か国にまたがる。正確な子午線の長さを測るために調査した地点である。現存するエストニアのタルトゥー天文台、フィンランドのアラトルニオ教会など34か所（ベラルーシ 5か所、エストニア 3か所、フィンランド 6か所、ラトヴィア 2か所、リトアニア 3か所、ノルウェー 4か所、モルドヴァ 1か所、ロシア 2か所、スウェーデン 4か所、ウクライナ 4か所）の観測点群。シュトルーヴェの測地弧は、ドイツ系ロシア人の天文学者のヴィルヘルム・シュトルーヴェ(1793～1864年 ドルパト大学天文学教授兼同天文台長)を中心に、1816～1855年の約40年の歳月をかけて、ノルウェーのノース・ケープの近くのハンメルフェストから黒海のイズマイルまでの10か国、2820kmにわたって265か所の観測点を設定、地球の形や大きさを調査するのに使用された。シュトルーヴェは北部で、ロシアの軍人カール・テナーは南部で観測、この2つの異なった測定ユニットを連結し、最初の多国間の子午線弧となった。この測地観測の手法は、シュトルーヴェの息子のオットー・ヴィルヘルム・シュトルーヴェ(1819～1905年　プルコヴォ天文台長)等にも引き継がれ、世界の本初子午線の制定などへの偉大なステップとなった。シュトルーヴェの測地弧は、人類の科学・技術史上、顕著な普遍的価値を有するモニュメントである。

分類　　　　遺跡

物件所在地　ノルウェー／スウェーデン／フィンランド／ロシア／エストニア／ラトヴィア／リトアニア／ベラルーシ／モルドヴァ／ウクライナ

構成資産　　●Katerinowka
　　　　　　　●Felschtin
　　　　　　　●Baranowka
　　　　　　　●Stara Nekrasivka

参考URL　　ユネスコ世界遺産センター
　　　　　　　https://whc.unesco.org/en/list/1187/multiple=1&unique_number=1364

ウクライナの世界遺産

Stara Nekrasivka

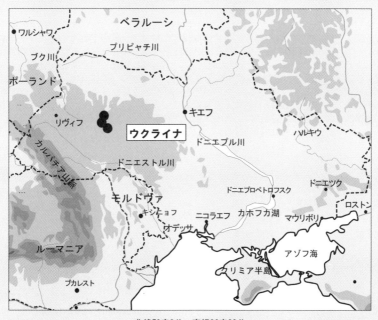

北緯59度3分　東経26度20分

カルパチア山脈とヨーロッパの他の地域の原生ブナ林群

英語名	Primeval Beech Forests of the Carpathians and Other Regions of Europe

遺産種別　自然遺産

登録基準　(ix) 陸上、淡水、沿岸、及び、海洋生態系と動植物群集の進化と発達において、進行しつつある重要な生態学的、生物学的プロセスを示す顕著な見本であるもの。

登録年月　2007年7月 （第31回世界遺産委員会クライスト・チャーチ(ニュージーランド) 会議）
2011年6月 （第35回世界遺産委員会パリ （フランス） 会議）
2017年7月 （第41回世界遺産委員会クラクフ （ポーランド） 会議）
2021年7月 （第44回世界遺産委員会福州 （中国） 会議）

登録遺産の面積　98,124.96ha　　バッファー・ゾーン　294,716.32ha

登録遺産の概要　カルパチア山脈とヨーロッパの他の地域の原生ブナ林群は、当初2007年の「カルパチア山脈の原生ブナ林群」から2011年の「カルパチア山脈の原生ブナ林群とドイツの古代ブナ林群」、そして、2017年の現在名へと登録範囲を拡大し登録遺産名も変更してきた。「カルパチア山脈の原生ブナ林群」は、ヨーロッパの東部、スロヴァキアとウクライナの両国にわたり展開する。カルパチア山脈の原生ブナ林群は、世界最大のヨーロッパブナの原生地域で、スロヴァキア側は、ボコヴスケ・ヴルヒ・ヴィホラット山脈、ウクライナ側は、ラヒフ山脈とチョルノヒルスキー山地の東西185kmにわたって、10の原生ブナ林群が展開している。東カルパチア国立公園、ポロニニ国立公園、それにカルパチア生物圏保護区に指定され保護されている。ブナ一種の優占林のみならず、モミ、裸子植物やカシなど別の樹種との混交林も見られるため、植物多様性の観点からも重要な存在である。ウクライナ側だけでも100種類以上の植物群落が確認され、ウクライナ版レッドリスト記載の動物114種も生息している。しかし、森林火災、放牧、密猟、観光圧力などの脅威にもさらされている。2011年の第35回世界遺産委員会パリ会議で、登録範囲を拡大、進行しつつある氷河期以降の地球上の生態系の生物学的、生態学的な進化の代表的な事例であるドイツ北東部と中部に分布する5つの古代ブナ林群（ヤスムント、ザラーン、グルムジン、ハイニッヒ、ケラヴァルト）も登録範囲に含め、登録遺産名も「カルパチア山脈の原生ブナ林群とドイツの古代ブナ林群」に変更した。2017年と2021年に、更に、登録範囲を拡大、登録遺産名もヨーロッパの18か国にまたがる「カルパチア山脈とヨーロッパの他の地域の原生ブナ林群」に変更した。

分類　生態系

物件所在地　アルバニア／オーストリア／ベルギー／ボスニアヘルツェゴビナ／ブルガリア／クロアチア／チェコ／フランス／ドイツ／イタリア／北マケドニア／ポーランド／ルーマニア／スロヴェニア／スロヴァキア／スペイン／スイス／ウクライナ

参考URL　ユネスコ世界遺産センター　https://whc.unesco.org/en/list/1133/

ウクライナ側のカルパチア山脈

ブコヴィナ・ダルマチア府主教の邸宅

英語名	**Residence of Bukovinian and Dalmatian Metropolitans**

遺産種別　　　文化遺産

登録基準　　（ii）ある期間を通じて、または、ある文化圏において、建築、技術、記念碑的
　　　　　　　　　　芸術、町並み計画、景観デザインの発展に関し、人類の価値の重要な交流
　　　　　　　　　　を示すもの。
　　　　　　　（iii）現存する、または、消滅した文化的伝統、または、文明の、唯一の、または、
　　　　　　　　　　少なくとも稀な証拠となるもの。
　　　　　　　（iv）人類の歴史上重要な時代を例証する、ある形式の建造物、建築物群、技術の
　　　　　　　　　　集積、または、景観の顕著な例。　　。

登録年月　　　2011年6月（第35回世界遺産委員会パリ（フランス）会議）

登録遺産の面積　8ha　　　バッファー・ゾーン　244.85ha

登録遺産の概要　ブコヴィナ・ダルマチア府主教の邸宅は、ウクライナの西部、チェルニウツィー州の州都チェルニウツィー市内を流れるプルト川とその支流の間の高台にある。ブコヴィナ・ダルマチア府主教の邸宅は、1864～1882年にチェコの建築家ヨセフ・フラーフカ（1831～1908年）が建設した建築物群で、建築様式の相乗効果が見事である。邸宅には庭園や公園があり、ドーム状の屋根を持つ神学校と修道院教会とが一体となっている。これらの建築物は、ビザンチン時代からの建築的・文化的な影響を受けたものであり、また、宗教に寛容であったオーストリア・ハンガリー帝国の政策を反映したハプスブルク君主国がこの地を領有していた時代の東方正教会の権勢を具現化したものである。ブコヴィナ・ダルマチア府主教の邸宅の一部は、現在、チェルニウツィー国立大学の歴史文化センターとして利用されている。

分類　　　　　モニュメント

物件所在地　　チェルニウツィー州チェルニウツィー市（州都）

参考URL　　　ユネスコ世界遺産センター　**https://whc.unesco.org/en/list/1330/**

ウクライナの世界遺産

ブコヴィナ・ダルマチア府主教の邸宅

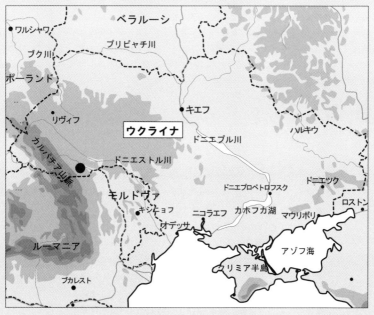

北緯48度17分 東経25度55分

ウクライナの世界遺産

ポーランドとウクライナのカルパチア地方の木造教会群

英語名	Wooden Tserkvas of the Carpathian Region in Poland and Ukraine

遺産種別 文化遺産

登録基準 （iii）現存する、または、消滅した文化的伝統、または、文明の、唯一の、または、
少なくとも稀な証拠となるもの。
（iv）人類の歴史上重要な時代を例証する、ある形式の建造物、建築物群、技術の
集積、または、景観の顕著な例。　。

登録年月 2013年6月（第37回世界遺産委員会プノンペン（カンボジア）会議）

登録遺産の面積 7.03ha　　バッファー・ゾーン　92.73ha

登録遺産の概要 ポーランドとウクライナのカルパチア地方の木造教会群は、ポーランドの南部
のマウォポルスカ県とポトカルパツキ県、ウクライナの西部のリヴィウ州、イヴァーノ・フラン
キーウシク州、トランスカルパチア地域にまたがっており、16～19世紀に、東方正教会とギリシ
ャ・カトリックを信仰するコミュニティによって木材を水平に積み上げるログハウス形式で建設
された16の構成資産（ポーランド側8、ウクライナ側8）からなる。ポーランドの西カルパチア地
方のレムコ型のブルナリー・ヴィジネ教会、聖女パラスケヴァ正教会、聖母の御加護教会、聖ヤ
ン正教会、トゥジャニスク教会、ボイコ型のスモルニク教会（ポーランド）、ウズホーク教会、マ
トゥキーフ教会（ウクライナ）、北部カルパチア地方のハールィチ型のチョティニエス教会、ラ
ドルス教会（ポーランド）、ポテルリチ教会、ショークヴァ教会、ロハティン教会、ドロホビチ教
会（ウクライナ）、それに、ウクライナの東カルパチア地方のフツル型のニジニ・ヴェルビス教
会、ヤシニア教会からなる。

分類 モニュメント群

物件所在地 ポーランド／ウクライナ

構成資産
- ドロホビチ教会（Drohobych-Tserkva of Saint George）
- マトゥキーフ教会（Matkiv-Tserkva of the Synaxis of the Blessed Virgin Mary）
- ニジニ・ヴェルビス教会
  （Nyzhniy Verbizh-Tserkva of the Nativity of the Blessed Virgin Mary）
- ポテルリチ教会（Potelych-Tserkva of the Descent of the Holy Spirit）
- ロハティン教会（Rohatyn-Tserkva of the Descent of the Holy Spirit）
- ウズホーク教会（Uzhok-Tserkva of the Synaxis of the Archangel Michael）
- ヤシニア教会（Yasynia-Tserkva of Our Lord's Ascension）
- ショークヴァ教会（Zhovkva-Tserkva of the Holy Trinity）

参考URL ユネスコ世界遺産センター　**https://whc.unesco.org/en/list/1424/**

ドロホビチ教会 (Drohobych-Tserkva of Saint George)

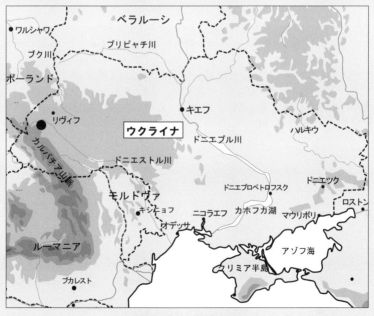

北緯49度32分　東経21度1分

ウクライナの世界遺産

タウリカ・ケルソネソスの古代都市とそのホラ

英語名	Ancient City of Tauric Chersonese and its Chora

遺産種別　　文化遺産

登録基準　　(ii) ある期間を通じて、または、ある文化圏において、建築、技術、記念碑的芸術、町並み計画、景観デザインの発展に関し、人類の価値の重要な交流を示すもの。
　　　　　　　(v) 特に、回復困難な変化の影響下で損傷されやすい状態にある場合における、ある文化（または、複数の文化）を代表する伝統的集落、または、土地利用の顕著な例。

登録年月　　2013年6月（第37回世界遺産委員会プノンペン（カンボジア）会議）

登録遺産の面積　　259.3752ha　　バッファー・ゾーン　　3,041.0876ha

登録遺産の概要　　タウリカ・ケルソネソスの古代都市とそのホラは、ウクライナの南部、クリミア半島南西部のヘラクレア半島、セヴァストポリ地域管理区のセヴァストポリ市にある紀元前5世紀〜紀元後14世紀の古代都市の遺跡群である。タウリカとは、クリミア半島の古代名で、ケルソネソスは、紀元前5世紀にドーリア人のギリシャ植民地として創建され、その後、黒海地域北部の主要な商業港になった。ケルソネソスは、紀元前4世紀から格子状の計画的な都市づくりが行われ、ギリシャ人がホラと呼んだ後背地の長方形に区画された田園集落に囲まれ、そこでは、輸出用の葡萄や穀物などの畑作農業が営まれていた。タウリカ・ケルソネソスの古代都市とそのホラは、ユカリナ峡谷のホラ、バーマン峡谷のホラ、ベジミャンナヤ高地のホラ、ストレレトスカヤ峡谷のホラ、マヤチニ半島峡部のホラ、マヤチニ半島峡部の第一ホラ、マヤチニ半島峡部の第二ホラ、ヴィノグラドニイ岬第三ホラの9つの構成資産からなる。ギリシャ、ローマ帝国、ビザンチン帝国の領土と変遷し、15世紀には廃墟と化したが、街路、公共や宗教の建造物群、住居区などが19世紀に考古学者により発掘された。その考古学景観から「ウクライナのポンペイ」とも称されている。

分類　　遺跡群、文化的景観

物件所在地　　セヴァストポリ地域管理区のセヴァストポリ市

構成資産　　●タウリカ・ケルソネソスの古代都市
　　　　　　　●ユカリナ峡谷の農業領域区画
　　　　　　　●ベルマン峡谷の農業領域区画
　　　　　　　●ベズイミヤンナヤ高地の農業領域区画
　　　　　　　●ストレレツカヤ峡谷の農業領域区画
　　　　　　　●マヤーチヌイ半島地峡の農業領域区画（1）
　　　　　　　●マヤーチヌイ半島地峡の農業領域区画（2）
　　　　　　　●マヤーチヌイ半島地峡の農業領域区画

参考URL　　ユネスコ世界遺産センター　　https://whc.unesco.org/en/list/1411/

タウリカ・ケルソネソスの古代都市

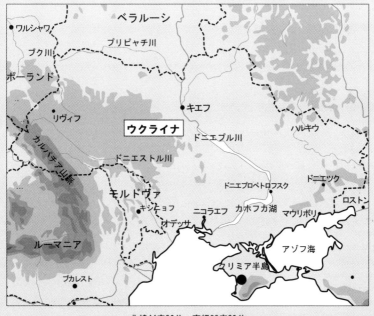

北緯44度36分　東経33度29分

ウクライナの世界遺産

文化遺産　キーワード

- Aesthetics　美学
- Anthropology　人類学
- Archaeological sites　考古学遺跡
- Architectural works　建築作品
- Area of nominated property　登録範囲
- Art　芸術
- Authenticity　真正性、或は、真実性
- Boundaries　境界線（コア・ゾーンとバッファー・ゾーンとの）
- Buffer Zone　バッファー・ゾーン（緩衝地帯）
- Cave dwellings　洞穴住居
- Combined　works nature and man　自然と人間との共同作品
- Community　地域社会
- Comparison with other similar properties　他の類似物件との比較
- Component(s)　構成資産
- Conservation and Management　保護管理
- Core Zone　コア・ゾーン（核心地域）
- Criteria for Inscription　登録基準
- Cultural Heritage　文化遺産
- Cultural Landscape　文化的景観
- Earthen Architecture　土の建築物
- Ethnology　民族学
- Group of buildings　建造物群
- History　歴史
- Hominid sites　人類遺跡
- Human Evolution　人類の進化
- ICCROM　文化財保存及び修復の研究のための国際センター（通称　ローマセンター）
- ICOMOS　国際記念物遺跡会議
- Industrial Heritage　産業遺産
- Integrity　完全性
- International Cooperation　国際協力
- Juridical Data　法的データ
- Modern Heritage　近代遺産
- Monitoring　モニタリング（監視）
- Monuments　モニュメント
- Preserving and Utilizing　保全と活用
- Reinforced Monitoring Mechanism　監視強化メカニズム
- Science　科学、学術
- Serial nomination　シリアル・ノミネーション（連続性のある）
- Sites　遺跡
- State of Conservation　保護状況
- Sustainable Tourism　持続可能な観光
- Transboundary nomination　トランスバウンダリー・ノミネーション（国境をまたぐ）
- Urban and Architecture　都市・建築
- Works of man　人間の作品
- Works of monumental sculpture and painting　記念碑的な意義を有する彫刻及び絵画
- World Heritage in Danger　危機にさらされている世界遺産

自然遺産　略語

- ●BR　　　　　Biosphere Reserves（生物圏保存地域）
- ●CBD　　　　Convention on Biological Diversity　（生物多様性条約）
- ●CI　　　　　Conservation International（コンサベーション・インターナショナル）
- ●CITES　　　Convention on International Trade in Endangered Species of Wild Fauna and Flora
　　　　　　　（絶滅のおそれのある野生動植物の種の国際取引に関する条約　通称：ワシントン条約）
- ●CMS　　　　Convention on the Conservation of Migratory Species of Wild Animals
　　　　　　　（移動性野生動物種の保全に関する条約　通称：ボン条約）
- ●COP　　　　Conference of the Parties（締約国会議）
- ●Ecoregion　Ecological region（エコリージョン）
- ●GGN　　　　Glocal Geoparks Network（世界ジオパーク・ネットワーク）
- ●IGCP　　　 International Geoscience Programme（国際地質科学計画）
- ●IUCN　　　 International Union for Conservation of Nature and Natural Resources
　　　　　　　（国際自然保護連合）
- ●IUGS　　　 International Union of Geological Sciences（国際地質科学連合）
- ●MAB　　　　Man and the Biosphere Programme（人間と生物圏計画）
- ●MEOW　　 Marine Ecoregions of the World（海域の生物地理区分）
- ●NGO　　　　Non-Governmental Organizations（非政府組織）
- ●OUV　　　　Outstanding Universal Value（顕著な普遍的価値）
- ●Ramsar　　 Convention on Wetlands of International Importance, especially as Waterfowl Habitat
　　　　　　　（特に水鳥の生息地として国際的に重要な湿地に関する条約　通称:ラムサール条約）
- ●RDB　　　　Red Data Book（レッド・データ・ブック）
- ●TNC　　　　The Nature Conservancy（自然保護協会）
- ●UNCLOS　 United Nations Convention on the Law of the Sea（海洋法に関する国際連合条約）
- ●UNESCO　United Nations Educational, Scientific and Cultural Organization
　　　　　　　（国際連合教育科学文化機関）
- ●UNEP　　　United Nations Environment Programme（国際連合環境計画）
- ●UNFCCC　 United Nations Framework Convention on Climate Change
　　　　　　　（国際連合気候変動枠組み条約）
- ●WCMC　　 World Conservation Monitoring Centre（世界自然保護モニタリングセンター ）
- ●WCPA　　　World Commission on Protected Area（世界保護地域委員会）
- ●WHC　　　　World Heritage Convention（世界遺産条約）
- ●WWF　　　　World Wide Fund for Nature（世界自然保護基金）

ウクライナの世界遺産

ウクライナの世界無形文化遺産

オルネック、クリミア・タタール人の装飾と関連知識
（Ornek、a Crimean Tatar ornament and knowledge about it）
2021年

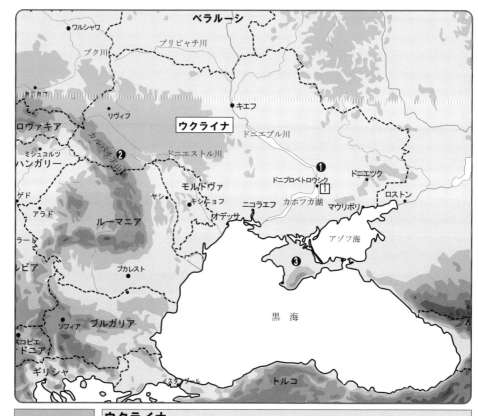

ウクライナ
Ukraine
首都　キエフ
代表リストへの登録数　3
緊急保護リストへの登録数　1
条約締約年　2008年

❶ウクライナ装飾民俗芸術の事象としてのペトリキフカの装飾絵画
　（Petrykivka decorative painting as a phenomenon of the Ukrainian ornamental folk art）　2013年
❷コシウの彩色陶器の伝統（Tradition of Kosiv painted ceramics）　2019年
❸オルネック、クリミア・タタール人の装飾と関連知識
　（Ornek、a Crimean Tatar ornament and knowledge about it）　2021年

＊緊急保護リストに登録されている無形文化遺産

1 ドニプロペトロウシク州のコサックの歌
　（Cossack's songs of Dnipropetrovsk Region）　2016年

ウクライナの世界無形文化遺産

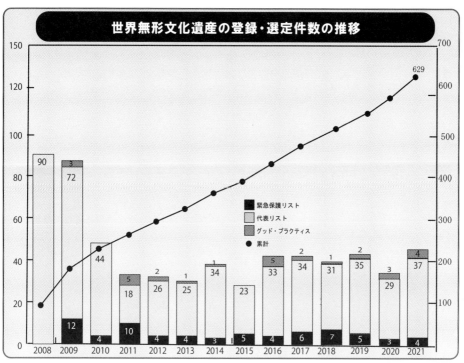

世界無形文化遺産の登録・選定件数の推移

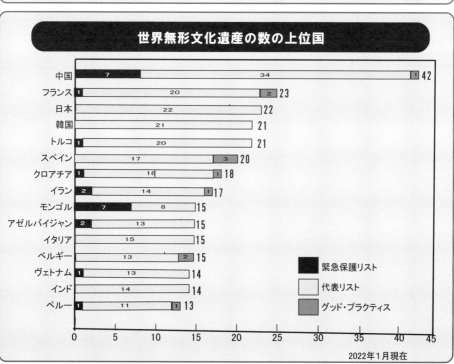

世界無形文化遺産の数の上位国

2022年1月現在

ウクライナの世界無形文化遺産

ウクライナ装飾民俗芸術の事象としてのペトリキフカの装飾絵画

準拠　　無形文化遺産の保護に関する条約（略称：無形文化遺産保護条約）

目的　　グローバル化により失われつつある多様な文化を守る為、無形文化遺産尊重の意識を向上させ、その保護に関する国際協力を促進する。

登録遺産名　Petrykivka decorative painting as a phenomenon of the Ukrainian ornamental folk art

人類の無形文化遺産の代表的なリスト（略称：代表リスト）への登録年　2013年

登録遺産の概要　　ウクライナ装飾民俗芸術の事象としてのペトリキフカの装飾絵画は、ウクライナ東部のドニプロペトローウシク州のペトリキフカ村で、家屋の壁や日用品に花や鳥などの自然を描く独特な絵画芸術である。ペトリキフカ村の人たちは、地元の植物や動物を注意深く観察し作品の模様に反映させる。この芸術は、豊かな象徴主義で、雄鶏は、目覚め、鳥類は、明るさ、調和、幸福を表わす。また、絵を描くこと自体が悲しみや悪魔から人々を守ってくれる信仰の対象でもある。地元の人たち、特に女性は年齢を問わず、この伝統的な民俗芸術に関わっている。あらゆる家族には、少なくとも1人の実践者がおり、日常生活の一部分でもある。地元の学校では、すべての子供にペトリキフカの装飾絵画の基礎を学ぶ機会を与え教える。コミュニティは、興味を示す人には誰にでもその技術や秘訣を喜んで教える。装飾芸術の伝統は、歴史的、精神的な記憶を更新させ、コミュニティ全体の帰属意識を高めている。

分類　　伝統工芸（traditional craftsmanship）

登録基準　　「代表リスト」への登録申請にあたっては、次のR.1～R.5までの5つの基準を全て満たさなければならない。

R.1　要素は、条約第2条で定義された無形文化遺産を構成すること。

R.2　要素の登録は、無形文化遺産の認知と重要性の意識の向上が確保され、世界の文化の多様性を反映し、人類の創造性を示す対話が奨励されること。

R.3　要素を保護し促進する保護措置が図られていること。

R.4　要素は、関係するコミュニティー、集団、或は、場合によっては、個人の可能な限り幅広い参加、そして、彼らの自由な、事前説明を受けた上での同意をもって申請されたものであること。

R.5　要素は、条約第11条と第12条で定義された、締約国の領域内にある無形文化遺産の提出目録に含まれていること。

参考 URL　　https://ich.unesco.org/en/RL/petrykivka-decorative-painting-as-a-phenomenon-of-the-ukrainian-ornamental-folk-art-00893

ペトリキフカの装飾絵画

コシウの彩色陶器の伝統

準拠　無形文化遺産の保護に関する条約（略称：無形文化遺産保護条約）

目的　グローバル化により失われつつある多様な文化を守る為、無形文化遺産尊重の意識を向上させ、その保護に関する国際協力を促進する。

登録遺産名　Tradition of Kosiv painted ceramic

人類の無形文化遺産の代表的なリスト（略称：代表リスト）への登録年　2019年

登録遺産の概要　コシウの彩色陶器の伝統は、ウクライナの西部、沿カルパッチャ地方イヴァーノ・フランキーウシク州のコシウ市、クティ町、ピスティン村で制作されている。コシウ陶器は、白を背景に緑、黄、茶の3色で彩られた点が特徴である。コシウ陶器には、イヴァーノ・フランキーウシク州を中心とする山岳民族のフツル人の生活、オーストリア軍、聖なる伝承等が描かれる。

分類　伝統工芸（traditional craftsmanship）

地域　沿カルパッチャ地方イヴァーノ・フランキーウシク州のコシウ市、クティ町、ピスティン村

登録基準　「代表リスト」への登録申請にあたっては、次のR.1～R.5までの5つの基準を全て満たさなければならない。

R.1　要素は、条約第2条で定義された無形文化遺産を構成すること。

R.2　要素の登録は、無形文化遺産の認知と重要性の意識の向上が確保され、世界の文化の多様性を反映し、人類の創造性を示す対話が奨励されること。

R.3　要素を保護し促進する保護措置が図られていること。

R.4　要素は、関係するコミュニティー、集団、或は、場合によっては、個人の可能な限り幅広い参加、そして、彼らの自由な、事前説明を受けた上での同意をもって申請されたものであること。

R.5　要素は、条約第11条と第12条で定義された、締約国の領域内にある無形文化遺産の提出目録に含まれていること。

参考URL　https://ich.unesco.org/en/RL/tradition-of-kosiv-painted-ceramics-01456

コシウの彩色陶器の伝統

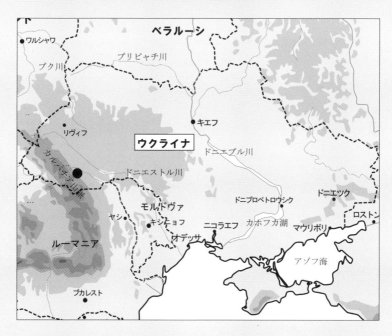

ウクライナの世界無形文化遺産

オルネック、クリミア・タタール人の装飾と関連知識

準拠　　無形文化遺産の保護に関する条約（略称：無形文化遺産保護条約）

目的　　グローバル化により失われつつある多様な文化を守る為、無形文化遺産尊重の
　　　　　意識を向上させ、その保護に関する国際協力を促進する。

登録遺産名　**Ornek、a Crimean Tatar ornament and knowledge about it**

人類の無形文化遺産の代表的なリスト（略称：代表リスト）への登録年　2021年

登録遺産の概要　オルネック、クリミア・タタール人の装飾と関連知識は、ウクライナの南部、
主にクリミア自治共和国で行われている。オルネックは、クリミア・タタールの伝統的な模様
で、幾何学模様、植物模様の種類があり、服装や食器類などから内装までの飾り模様として使
われてきた。クリミア・タタール人は、クリミア半島に起源を持つテュルク系先住民族であ
る。オルネック、刺繍、織物、陶器、彫刻、宝石類、木彫刻、ガラス、壁画で使用される。オ
ルネックには、全部で約35のシンボルがあり、それぞれに、独特の意味がある。例えば、バラ
は既婚の女性、ポプラ或はヒノキは大人の男性、チューリップは若い男性、アーモンドは未婚
の女性或は少女、カーネーションは年長者、知恵、人生経験、バラの中のチューリップは恋愛
或は男女の結合などである。この様な関連知識と技量は家族やコミュニティ内の熟練した職人
によって継承される。

分類　　社会的慣習、儀式及び祭礼行事、伝統工芸

地域　　アルタイ地方、ホブド県のホブド市、オブス県のオラーンゴム、バヤン・ウルギー県、
　　　　　それに、ザブハン県

登録基準　「代表リスト」への登録申請にあたっては、次のR.1〜R.5までの5つの基準を
　　　　　全て満たさなければならない。

R.1　要素は、条約第2条で定義された無形文化遺産を構成すること。
R.2　要素の登録は、無形文化遺産の認知と重要性の意識の向上が確保され、世界の文化の
　　　多様性を反映し、人類の創造性を示す対話が奨励されること。
R.3　要素を保護し促進する保護措置が図られていること。
R.4　要素は、関係するコミュニティー、集団、或は、場合によっては、個人の可能な限り
　　　幅広い参加、そして、彼らの自由な、事前説明を受けた上での同意をもって申請された
　　　ものであること。
R.5　要素は、条約第11条と第12条で定義された、締約国の領域内にある無形文化遺産の提出
　　　目録に含まれていること。

参考URL　https://ich.unesco.org/en/RL/ornek-a-crimean-tatar-ornament-and-knowledge-
　　　　　about-it-01601

オルネック、クリミア・タタール人の装飾

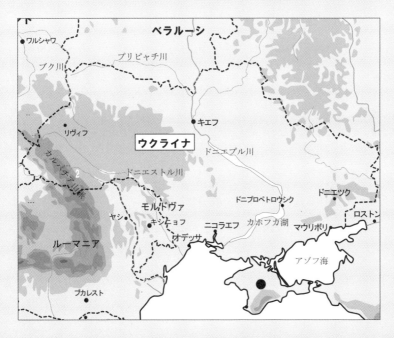

ウクライナの世界無形文化遺産

ドニプロペトロウシク州のコサックの歌

準拠　　　無形文化遺産の保護に関する条約（略称：無形文化遺産保護条約）

目的　　　グローバル化により失われつつある多様な文化を守る為、無形文化遺産尊重の
　　　　　　意識を向上させ、その保護に関する国際協力を促進する。

登録遺産名　　**Cossack's songs of Dnipropetrovsk Region**

緊急に保護する必要がある無形文化遺産のリスト（略称：「緊急保護リスト」）への登録年　2016年

登録遺産の概要　ドニプロペトロウシク州のコサックの歌は、ウクライナの中央部、ドニプロペトロウシク州のドニプロペトロウシク地区の町、パウロフラード地区の村々などのコミュニティで歌われており、戦争の悲惨さやコサックの兵士との関係などが語られる。コサックとは、ロシア語ではカザークと呼ばれる。「自由な人」「豪胆な者」を意味するトルコ語に由来する。元来は、ドニエプル川の下流域を活躍の舞台とする半独立的タタール人の一団をさした。15世紀になるとロシアとポーランド・リトアニア国家の抑圧、搾取を嫌って、多数の農民、手工業者が南方に逃れ、みずから「自由な人」すなわちコサックと称するようになった。ドニプロペトロウシク州のコサックの歌は、後継者難などの理由から緊急保護リストに登録された。

分類　口承及び表現（伝達手段としての言語を含む）、芸能、社会的慣習、儀式及び祭礼行事
　　　　自然及び万物に関する知識及び慣習、伝統工芸

地域　ドニプロペトロウシク州のドニプロペトロウシク地区の町、パウロフラード地区

登録基準　「緊急保護リスト」への登録は、次のU. 1〜U. 6までの6つの基準を
　　　　　　全て満たさなければならない。

U. 1　要素は、条約第2条で定義された無形文化遺産を構成すること。
U. 2　a　要素は、関係するコミュニティー、集団、或は、場合によっては、個人及び締約国の
　　　　　努力にもかかわらず、その存続が危機にさらされている為、緊急の保護の必要がある
　　　　　こと。
　　　b　要素は、即時の保護なしでは存続が期待できない終末的な脅威に直面している為、喫緊
　　　　　の保護の必要があること。
U. 3　要素を保護し促進する保護措置が図られていること。
U. 4　要素は、関係するコミュニティー、集団、或は、場合によっては、個人の可能な限り
　　　　幅広い参加、そして、彼らの自由な、事前説明を受けた上での同意をもって申請された
　　　　ものであること。
U. 5　要素は、条約第11条と第12条で定義された、締約国の領域内にある無形文化遺産の提出
　　　　目録に含まれていること。
U. 6　喫緊の場合には、関係締約国は、条約第17条3項に則り、要素の登録について、正式に協議
　　　　を受けていること。

参考URL　**https://ich.unesco.org/en/USL/cossacks-songs-of-dnipropetrovsk-region-01194**

ウクライナの世界無形文化遺産

ドニプロペトロウシク州のコサックの歌

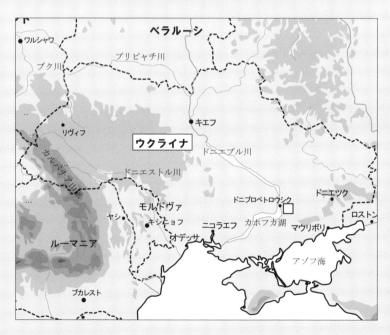

ウクライナの世界無形文化遺産

無形文化遺産基金からの「国際援助」への要請事項

1. 締約国名
2. 連絡先と担当者名
   - 2.a. 窓口担当者
   - 2.b. 他の担当者（複数国にまたがって申請する場合のみ）
3. 要素の名称
4. 援助要請額
   - 基金からの要請額：USドル
   - 締約国の寄付：USドル
   - 他の寄付（有れば）：USドル
   - 合計プロジェクト予算：USドル
5. コミュニティ、集団、或は、関係する個人（200語以内）
6. 地理的な所在地と要素の範囲（100語以内）
7. 要素が代表する領域
   - □ 口承及び表現（無形文化遺産の伝達手段としての言語を含む）
   - □ 芸能
   - □ 社会的慣習、儀式及び祭礼行事
   - □ 自然及び万物に関する知識及び慣習
   - □ 伝統工芸技術
   - □ その他
8. 実施機関（援助が提供されるならば、契約者）
9. 登録に向けての努力のプロセス（250語以内）
10. この要請によって財政的に支援される準備措置（250語以内）
11. プロジェクトのタイム・テーブル
12. 予算
13. 同様な、或は、関連した活動に対するユネスコからの財政的な援助実績
    - □ 無
    - □ 有（詳細は下記の通り）
14. 締約国の代理署名

世界無形文化遺産のキーワード

※http://www.unesco.org/culture/ich/index

- 無形遺産　Intangible Heritage
- 保護　Safeguarding
- 人類、人間　Humanity
- 口承による伝統及び表現　Oral traditions and expressions
- 芸能　Performing arts
- 社会的慣習、儀式及び祭礼行事　Social practices, rituals and festive events
- 自然及び万物に関する知識及び慣習　Knowledge and practices concerning nature and the universe
- 伝統工芸技術　Traditional craftsmanship
- 条約　Convention
- 締約国　State Party
- 事務局　Secretariat
- 運用指示書　Operational Directives
- エンブレム　Emblem
- 倫理原則　Ethical principles
- 登録申請書類の書式　Nomination forms
- 多国間の登録申請　Multi-national nomination
- 定期報告　Periodic reporting
- 総会　General Assembly
- 政府間委員会　Intergovernmental Committee（IGC）
- 認定された非政府組織　Accredited NGO
- 評価　Evaluation
- 非政府組織、機関、専門家　NGO, institutions and experts
- 無形文化遺産　Intangible Cultural Heritage
- 無形遺産リスト　Intangible Heritage Lists
- 緊急保護リスト　Urgent Safeguarding List（USL）
- 代表リスト　Representative List（RL）
- 登録基準　Criteria for inscription
- 文化の多様性　Cultural Diversity
- グッド・プラクティス（好ましい保護の実践事例）　Good Safeguarding Practices
- 選定基準　Criteria for selection
- 啓発　Raising awareness
- 能力形成　Capacity building
- 地域社会　Community
- ファシリテーター（中立的立場での促進者・世話人）　Facilitator
- 国際援助　International Assistance
- 適格性　Eligibility
- 資金提供者とパートナー　Donors and partners
- （役立つ情報）資源　Resources
- 持続可能な発展　Sustainable Development

ウクライナの世界無形文化遺産

ウクライナの世界の記憶

チェルノブイリ原子力発電所事故に関連する記録遺産
（Documentary Heritage Related to accident at Chernobyl）
2017年登録
＜所蔵機関＞ウクライナ政府アーカイヴ（キエフ）

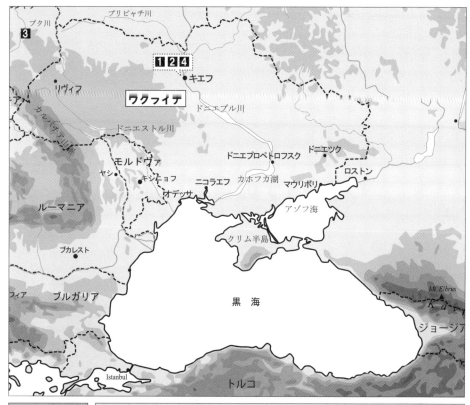

ウクライナ
Ukraine
首都　キエフ　主要言語　ウクライナ語、ロシア語
「世界の記憶」の数　4

■1 ユダヤ民族の民俗音楽集（1912〜1947年）
　（Collection of Jewish Musical Folklore（1912-1947））
　2005年登録
　＜所蔵機関＞ウクライナ国立ベルナツキー図書館（キエフ）
■2 ラズヴィウ年代記とネスヴィジ図書館のコレクション
　（Radzwills' Archives and Niasvizh（Nieśwież）Library Collection）
　2009年登録
　ベラルーシ／フィンランド／リトアニア／ポーランド／ロシア連邦／ウクライナ
　＜所蔵機関＞ウクライナ国立中央公文書館（キエフ）
■3 ルブリン合同法の記録（The Act of the Union of Lublin document）
　2017年登録
　ポーランド／リトアニア／ウクライナ／ベラルーシ／ラトヴィア
　＜所蔵機関＞歴史記録公文書館（ポーランド・ワルシャワ）
■4 チェルノブイリ原子力発電所事故に関連する記録遺産
　（Documentary Heritage Related to accident at Chernobyl）
　2017年登録
　＜所蔵機関＞ウクライナ政府アーカイヴ（キエフ）

ウクライナの世界の記憶

ウクライナ国立ベルナツキー図書館（キエフ）

ウクライナ政府アーカイヴ（キエフ）

ウクライナの世界の記憶

ユダヤ民族の民俗音楽集（1912〜1947年）

準拠　　　メモリー・オブ・ザ・ワールド・プログラム（略称：MOW）　1992年

目的　　　人類の歴史的な文書や記録など、忘却してはならない貴重な記録遺産を登録し、最新のデジタル技術などで保存し、広く公開する。

登録遺産名　**Collection of Jewish Musical Folklore (1912-1947)**

世界記憶遺産リストへの登録年月　2005年

所在国　ウクライナ

登録遺産の概要　　ウクライナ国立ベルナツキー図書館は、エジソンによる蝋管で録音されたユダヤ民族の民俗音楽の世界でも有数の所蔵場所である。コレクションは、各音楽が2〜7分の1017シリンダー以上からなり、ウクライナとベラルーシのユダヤ人居住地域で、1912年〜1947年に作成された音符や作品の解読のみならず歴史の記録を含むものである。コレクションは、蓄音機で録音された著名なユダヤ人の俳優であるソロモン・ミホエルス、ベンジャミン・ズスキン、レラ・ロンムの音声を含む。また、Jehieskil・ドブルシン、ノトケ・ルーリー の様な有名な作家の声、有名なヴァイオリニストや作曲家レオ・パルヴァーによって演奏された楽曲もある。1912年〜1947年に蝋管で録音されたユダヤ民族の民俗音楽のコレクションは、ユダヤとウクライナの歴史に大きな影響を与えた。

分類　　　ワックスフォノシリンダー、文書、タイプライティング

選定基準　　○真正性（Authenticity）、複写、模写、偽造品ではない
　　　　　　　○独自性と非代替性（Unique and Irreplaceable）
　　　　　　　○年代、場所、人物、題材・テーマ、形式・様式
　　　　　　　○希少性（Rarity）
　　　　　　　○完全性（integrity）
　　　　　　　○脅威（Threat）
　　　　　　　○管理計画（Management Plan）

所蔵機関　　ウクライナ国立ベルナツキー図書館（キエフ）

参考URL　　http://www.unesco.org/new/en/communication-and-information/
memory-of-the-world/register/full-list-of-registered-heritage/
registered-heritage-page-2/collection-of-jewish-musical-folklore-1912-1947/

ウクライナの世界の記憶

ナーダム、モンゴルの伝統的なお祭り

ウクライナの世界の記憶

ラズヴィウ年代記とネスヴィジ図書館のコレクション

準拠　　　メモリー・オブ・ザ・ワールド・プログラム（略称：MOW）　1992年

目的　　　人類の歴史的な文書や記録など、忘却してはならない貴重な記録遺産を登録し、最新のデジタル技術などで保存し、広く公開する。

登録遺産名　Radzwills' Archives and Niasvizh (Nieśwież) Library Collection

世界記憶遺産リストへの登録年月　2009年

所在国　ウクライナ

登録遺産の概要　このコレクションは、リトアニア大公国とポーランド・リトアニア共和国の最も有名な貴族家系であるラジヴィウ家のメンバーによって、15世紀～20世紀につくられた。ラジヴィウ家のメンバーは、プロイセン、ロシア帝国、ポーランド共和国の歴史において、重要な役割を果たした。ラジヴィウ家の私信などのアーカイブは、事実上、リトアニア大公国の国家の記録や条約など公式の記録であった。

分類　　　文書類

選定基準　　○真正性（Authenticity）、複写、模写、偽造品ではない
　　　　　　　○独自性と非代替性（Unique and Irreplaceable）
　　　　　　　○年代、場所、人物、題材・テーマ、形式・様式
　　　　　　　○希少性（Rarity）
　　　　　　　○完全性（integrity）
　　　　　　　○脅威（Threat）
　　　　　　　○管理計画（Management Plan）

所蔵機関　　ウクライナ国立中央公文書館（キエフ）
　　　　　　　Central Academic Library National Academy of Sciences of Belarus
　　　　　　　Ex-libris of the Niasvizh library

参考URL　　http://www.unesco.org/new/en/communication-and-information/
　　　　　　　memory-of-the-world/register/full-list-of-registered-heritage/
　　　　　　　registered-heritage-page-2/documentary-heritage-related-to-accident-
　　　　　　　at-chernobyl/

ウクライナの世界の記憶

ラジヴィウ家のコレクション

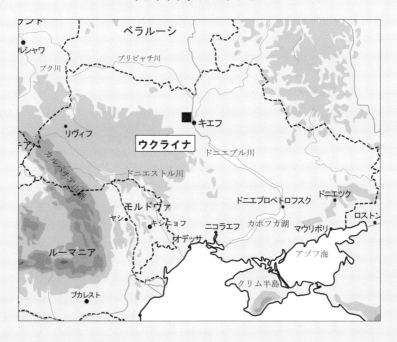

ウクライナの世界の記憶

ルブリン合同法の記録

準拠　　　メモリー・オブ・ザ・ワールド・プログラム（略称：MOW）　1992年

目的　　　人類の歴史的な文書や記録など、忘却してはならない貴重な記録遺産を登録し、最新のデジタル技術などで保存し、広く公開する。

登録遺産名　　**The Act of the Union of Lublin document**

世界記憶遺産リストへの登録年月　　2017年

共同登録　　ポーランド／リトアニア／ウクライナ／ベラルーシ／ラトビア

登録遺産の概要　　ルブリン合同は、1569年7月1日に成立した制度的同君連合である。これにより、ポーランド王国とリトアニア大公国（14世紀初めにリトアニア大公国を称し、現在のベラルーシとウクライナ北部を支配する大国となる）はポーランド・リトアニア共和国に統合された。実質的には、ポーランドによるリトアニアの併合であり、ポーランド・リトアニア共和国は、選挙された一人の君主（ポーランド王・リトアニア大公）・元老院・合同議会（セイム）によって統治されることとなった。これは、リトアニア大公国がモスクワ・ロシアとの戦争（リヴォニア戦争）によって危険な状態にあったことが原因だった。ポーランド・リトアニア共和国の法律は、1569年7月のポーランドの都市ルブリンでのポーランド王国とリトアニア大公国との議会（セイム）会合で合意された。法律の基盤になったのは、レス・ププリカ（共和国）とも呼ばれるイギリス連邦の公法と1573年のワルシャワ連盟協約に含まれるヘンリク条項であった。この様にして成立したルブリン合同法の記録は、ポーランドの首都ワルシャワにある歴史記録公文書館に所蔵されている。

分類　　　文書類

選定基準　　○真正性（Authenticity）、複写、模写、偽造品ではない
　　　　　　　○独自性と非代替性（Unique and Irreplaceable）
　　　　　　　○年代、場所、人物、題材・テーマ、形式・様式
　　　　　　　○希少性（Rarity）
　　　　　　　○完全性（integrity）
　　　　　　　○脅威（Threat）
　　　　　　　○管理計画（Management Plan）

所蔵機関　　歴史記録公文書館（ポーランド・ワルシャワ）

参考URL　　http://www.unesco.org/new/en/communication-and-information/
　　　　　　　memory-of-the-world/register/full-list-of-registered-heritage/
　　　　　　　registered-heritage-page-7/radzwills-archives-and-niasvizh-nieswiez-library-
　　　　　　　collection/#c188531

ウクライナの世界の記憶

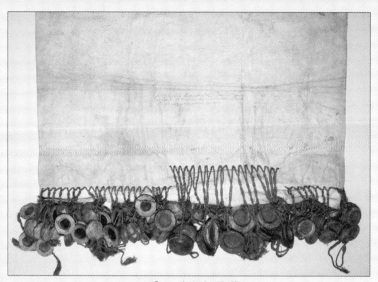

ルブリン合同法の記録

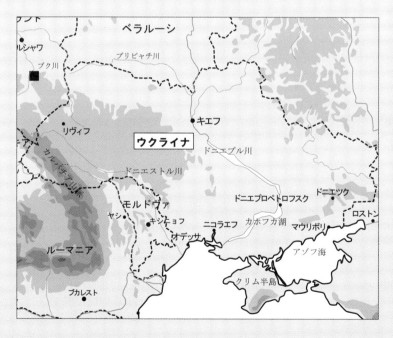

ウクライナの世界の記憶

チェルノブイリ原子力発電所事故に関連する記録遺産

準拠	メモリー・オブ・ザ・ワールド・プログラム（略称：MOW）　1992年
目的	人類の歴史的な文書や記録など、忘却してはならない貴重な記録遺産を登録し、最新のデジタル技術などで保存し、広く公開する。

登録遺産名　Documentary Heritage Related to accident at Chernobyl

世界記憶遺産リストへの登録年月　2017年

所在国　ウクライナ

登録遺産の概要　このアーカイブは、1986年4月26日午前1時23分（日本時間同日午前6時23分）、旧ソ連のチェルノブイリ原子力発電所4号機で事故が発生、大量の放射性物質が周辺環境に放出された事故に関連する記録遺産である。事故が発生した原子力発電所は旧ソ連が開発し、旧ソ連国内でしか運転されていないものであった。事故は、外部電源が喪失した場合に、タービン発電機の回転エネルギーにより主循環ポンプと非常用炉心冷却系の一部を構成する給水ポンプに電源を供給する能力を調べる試験を実施しようとしていた最中に原子炉が不安定な状態になり、制御棒を挿入したところ急激な過出力が発生したために生じたものである。事故によって原子炉および原子炉建屋が破壊され、次いで高温の黒鉛の飛散により火災が発生した。火災は鎮火され、引続き除染作業と原子炉部分をコンクリートで閉じ込める作業が実施された。運転員と消火作業に当った消防隊員に放射線被ばくによって計31名が死亡し、発電所の周囲30kmの住民等、約13万5千人が避難し移住させられた。この記録は、首都キエフにあるウクライナ政府アーカイヴに所蔵され、一般に公開されている。

分類	文書類
選定基準	○真正性（Authenticity）、複写、模写、偽造品ではない ○独自性と非代替性（Unique and Irreplaceable） ○年代、場所、人物、題材・テーマ、形式・様式 ○希少性（Rarity） ○完全性（integrity） ○脅威（Threat） ○管理計画（Management Plan）
所蔵機関	ウクライナ政府アーカイヴ（キエフ） ウクライナ国立チェルノブイリ博物館（キエフ）
参考URL	http://www.unesco.org/new/en/communication-and-information/ memory-of-the-world/register/full-list-of-registered-heritage/ registered-heritage-page-1/the-act-of-the-union-of-lublin-document/

ウクライナの世界の記憶

旧ソ連のチェルノブイリ原子力発電所

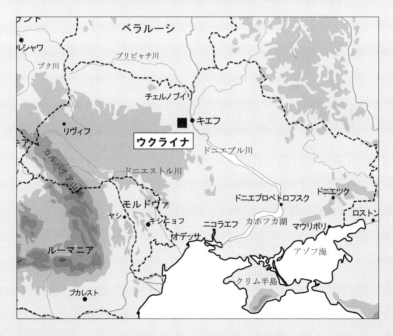

ウクライナの世界の記憶

「世界の記憶」保護の為の一般指針

ウクライナの世界の記憶

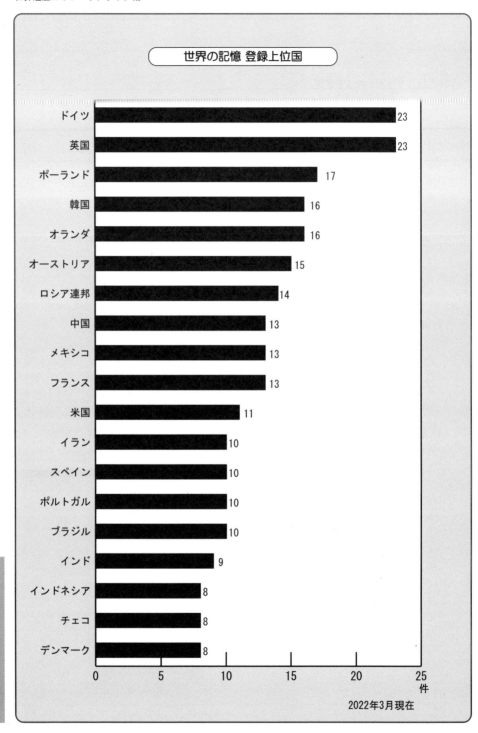

世界の記憶 登録上位国

国	件数
ドイツ	23
英国	23
ポーランド	17
韓国	16
オランダ	16
オーストリア	15
ロシア連邦	14
中国	13
メキシコ	13
フランス	13
米国	11
イラン	10
スペイン	10
ポルトガル	10
ブラジル	10
インド	9
インドネシア	8
チェコ	8
デンマーク	8

件

2022年3月現在

ウクライナの世界の記憶

「世界の記憶」関連略語

AMIA	映像アーキビスト協会	(Association of Moving Image Archivists)
AOF	フランス領西アフリカ	(Afrique occidentale francaise)
ARSC	アメリカ録音収蔵協会	(Association of Recorded Sound Collections)
CCAAA	視聴覚アーカイヴ協会調整協議会	(Coordinating Council of Audiovisual Archive Associations)
CITRA	国際公文書館円卓会議	(Confereace International de la Table rounde des Archives)
C 2 C	カテゴリー2センター	(Category 2 Centre)
COF	クリストファー・オキボ財団	(Christopher Okigbo Foundation)
FIAF	国際フィルム・アーカイヴ連盟	(International Federation of Film Archives)
FIAT/IFTA	国際テレビアーカイヴ機構	(International Federation of Television Archives)
FID	国際ドキュメンテーション連盟	(International Federation for Documentation)
FIDA	国際アーカイヴス開発基金	(Fund for the International Development of Archives)
IAML	国際音楽資料情報協会	(International Association of Music Librarians)
IASA	国際音声・視聴覚アーカイヴ協会	(International Association of Sound and Audiovisual Archives)
ICA	国際公文書館会議	(International Council on Archives)
ICAIC	キューバ映画芸術産業庁	(Instituto Cubano de Artee Industria Cinematograficos)
ICCROM	文化財保存修復研究国際センター	(International Centre for Conservation in Rome)
ICLM	国際文学博物館会議	(International Committee for Literary Museums)
ICRC	赤十字国際委員会	(International Committee of the Red Cross)
IAC	国際諮問委員会	(International Advisory Committee)
ICDH	国際記録遺産センター	(International Center for Documentary Heritage)
ICOM	国際博物館会議	(International Council of Museums)
IFLA	国際図書館連盟	(International Federation of Library Associations and Institutions)
IGO	政府間組織	(Intergovernmental Organization)
IIC	文化財保存国際研究所	(International Institute for Conservation of Historic and Artistic Works)
ISO	国際標準化機構	(International Organization for Standardization)
ITS	インターナショナル・トレーシング・サービス	(International Tracing Service)
MOW	「世界の記憶」	(Memory of the World)
MOWCAP	「世界の記憶」プログラム アジア・太平洋地域委員会	
	(Asia/Pacific Regional Committee for the Memory of the World Program)	
MOWLAC	「世界の記憶」プログラム ラテンアメリカ・カリブ地域委員会	
	(Latin America/Caribbean Regional Committee for the Memory of the World Program)	
NGO	非政府組織	(Non-Government Organisation)
SEAPAVAA	東南アジア太平洋地域視聴覚アーカイヴ連合	(Southeast Asia-Pacific Audiovisual Archive Association)
UNESCO	国連教育科学文化機関	(UNESCO＝United Nations Educational, Scientific and Cultural Organization)
UNRWA	国連パレスチナ難民救済事業機関	(The United Nations Relief and Works Agency)
WDL	世界電子図書館	(World Digital Library)

ウクライナの世界の記憶

〈著者プロフィール〉

古田 陽久（ふるた・はるひさ　FURUTA Haruhisa）
世界遺産総合研究所 所長

1951年広島県生まれ。1974年慶応義塾大学経済学部卒業、1990年シンクタンクせとうち総合研究機構を設立。アジアにおける世界遺産研究の先覚・先駆者の一人で、「世界遺産学」を提唱し、1998年世界遺産総合研究所を設置、所長兼務。毎年の世界遺産委員会や無形文化遺産委員会などにオブザーバー・ステータスで参加、中国杭州市での「首届中国大運河国際高峰論壇」、クルーズ船「にっぽん丸」、三鷹国際交流協会の国際理解講座、日本各地の青年会議所（JC）での講演など、その活動を全国的、国際的に展開している。これまでにイタリア、中国、スペイン、フランス、ドイツ、インド、メキシコ、英国、ロシア連邦、アメリカ合衆国、ブラジル、オーストラリア、ギリシャ、カナダ、トルコ、ポルトガル、ポーランド、スウェーデン、ベルギー、韓国、スイス、チェコ、ペルーなど68か国、約300の世界遺産地を訪問している。
HITひろしま観光大使(広島県観光連盟)、防災士(日本防災士機構)現在、広島市佐伯区在住。

【専門分野】 世界遺産制度論、世界遺産論、自然遺産論、文化遺産論、危機遺産論、地域遺産論、日本の世界遺産、世界無形文化遺産、世界の記憶、世界遺産と教育、世界遺産と観光、世界遺産と地域づくり・まちづくり

【著書】「世界の記憶遺産60」(幻冬舎)、「ユネスコ遺産ガイドー世界編－総合版」、「ユネスコ遺産ガイドー日本編－総集版」、「世界遺産ガイドー未来への継承編ー」、「世界遺産データ・ブック」、「世界無形文化遺産データ・ブック」、「世界の記憶データ・ブック」、「誇れる郷土データ・ブック」、「世界遺産ガイド」シリーズ、「ふるさと」「誇れる郷土」シリーズなど多数。

【執筆】連載「世界遺産への旅」、「世界記憶遺産の旅」、日本政策金融公庫調査月報「連載『データで見るお国柄』」、「世界遺産を活用した地域振興ー『世界遺産基準』の地域づくり・まちづくりー」（月刊「地方議会人」）、中日新聞・東京新聞サンデー版「大図解危機遺産」、「現代用語の基礎知識2009」（自由国民社）世の中ペディア「世界遺産」など多数。

【テレビ出演歴】TBSテレビ「ひるおび」、「NEWS23」、「Nスタニュース」、テレビ朝日「モーニングバード」、「やじうまテレビ」、「ANNスーパーJチャンネル」、日本テレビ「スッキリ!!」、フジテレビ「めざましテレビ」、「スーパーニュース」、「とくダネ!」、「NHK福岡ロクいち！」など多数。

【ホームページ】「世界遺産と総合学習の杜」http://www.wheritage.net/

世界遺産ガイド －ウクライナ編－

2022年（令和4年）3月31日　初版 第1刷

著　者	古田 陽久
企画・編集	世界遺産総合研究所
発　行	シンクタンクせとうち総合研究機構 ⓒ

〒731-5113 広島市佐伯区美鈴が丘緑三丁目4番3号
TEL＆FAX　082-926-2306
電子メール　wheritage@tiara.ocn.ne.jp
インターネット　http://www.wheritage.net
出版社コード　86200

Complied and Printed in Japan, 2022　ISBN978-4-86200-260-0 C1526 Y2600E

発行図書のご案内

世界遺産シリーズ

世界遺産データ・ブック 2022年版 〔新刊〕 978-4-86200-253-2 本体2727円 2021年9月発行
最新のユネスコ世界遺産1154物件の全物件名と登録基準、位置を掲載。ユネスコ世界遺産の概要も充実。世界遺産学習の上での必携の書。

世界遺産事典−1154全物件プロフィール− 〔新刊〕2022改訂版 978-4-86200-254-9 本体2727円 2021年9月発行
世界遺産1121物件の全物件プロフィールを収録。2020改訂版

世界遺産キーワード事典 2020改訂版 〔新刊〕 978-4-86200-241-9 本体2600円 2020年7月発行
世界遺産に関連する用語の紹介と解説

世界遺産マップス −地図で見るユネスコの世界遺産− 2020改訂版 978-4-86200-232-7 本体2600円 2019年12月発行
世界遺産1121物件の位置を地域別・国別に整理

世界遺産ガイド−世界遺産条約採択40周年特集− 978-4-86200-172-6 本体2381円 2012年11月発行
世界遺産の40年の歴史を特集し、持続可能な発展を考える。

世界遺産フォトス −写真で見るユネスコの世界遺産− 4-916208-22-6 本体1905円 1999年8月発行
第2集−多様な世界遺産− 4-916208-50-1 本体2000円 2002年1月発行
世界遺産の多様性を写真資料で学ぶ。 第3集−海外と日本の至宝100の記憶− 978-4-86200-148-1 本体2381円 2010年1月発行

世界遺産入門−平和と安全な社会の構築− 978-4-86200-191-7 本体2500円 2015年5月発行
世界遺産を通じて「平和」と「安全」な社会の大切さを学ぶ

世界遺産学入門−もっと知りたい世界遺産− 4-916208-52-8 本体2000円 2002年2月発行
新しい学問としての「世界遺産学」の入門書

世界遺産学のすすめ−世界遺産が地域を拓く− 4-86200-100-9 本体2000円 2005年4月発行
普遍的価値を顕す世界遺産が、閉塞した地域を拓く

世界遺産概論＜上巻＞＜下巻＞ 世界遺産の基礎的事項をわかりやすく解説 上巻 978-4-86200-116-0 2007年1月発行 下巻 978-4-86200-117-7 本体各2000円

世界遺産ガイド−ユネスコ遺産の基礎知識−2021改訂版 〔新刊〕 978-4-86200-256-3 本体2727円 2021年9月発行
混同しやすいユネスコ三大遺産の違いを明らかにする

世界遺産ガイド−世界遺産条約編− 4-916208-34-X 本体2000円 2000年7月発行
世界遺産条約を特集し、条約の趣旨や目的などポイントを解説

世界遺産ガイド −世界遺産条約とオペレーショナル・ガイドラインズ編− 978-4-86200-128-3 本体2000円 2007年12月発行
世界遺産条約とその履行の為の作業指針について特集する

世界遺産ガイド−世界遺産の基礎知識編− 2009改訂版 978-4-86200-132-0 本体2000円 2008年10月発行
世界遺産の基礎知識をQ&A形式で解説

世界遺産ガイド−図表で見るユネスコの世界遺産編− 4-916208-89-7 本体2000円 2004年12月発行
世界遺産をあらゆる角度からグラフ、図表、地図などで読む

世界遺産ガイド−情報所在源編− 4-916208-84-6 本体2000円 2004年1月発行
世界遺産に関連する情報所在源を各国別、物件別に整理

世界遺産ガイド−自然遺産編− 2020改訂版 〔新刊〕978-4-86200-234-1 本体2600円 2020年4月発行
ユネスコの自然遺産の全容を紹介

世界遺産ガイド−文化遺産編− 2020改訂版 〔新刊〕978-4-86200-235-8 本体2600円 2020年4月発行
ユネスコの文化遺産の全容を紹介

世界遺産ガイド−文化遺産編−
1. 遺跡 4-916208-32-3 本体2000円 2000年8月発行
2. 建造物 4-916208-33-1 本体2000円 2000年9月発行
3. モニュメント 4-916208-35-8 本体2000円 2000年10月発行
4. 文化的景観 4-916208-53-6 本体2000円 2002年1月発行

世界遺産ガイド−複合遺産編− 2020改訂版 〔新刊〕978-4-86200-236-5 本体2600円 2020年4月発行
ユネスコの複合遺産の全容を紹介

世界遺産ガイド−危機遺産編− 2020改訂版 〔新刊〕978-4-86200-237-2 本体2600円 2020年4月発行
ユネスコの危機遺産の全容を紹介

世界遺産ガイド−文化の道編− 978-4-86200-207-5 本体2500円 2016年12月発行
世界遺産に登録されている「文化の道」を特集

世界遺産ガイド−文化的景観編− 978-4-86200-150-4 本体2381円 2010年4月発行
文化的景観のカテゴリーに属する世界遺産を特集

世界遺産ガイド−複数国にまたがる世界遺産編− 978-4-86200-151-1 本体2381円 2010年6月発行
複数国にまたがる世界遺産を特集

世界遺産ガイド-日本編- 2022改訂版 新刊	978-4-86200-252-5 本体 2727円 2021年8月発行	日本にある世界遺産、暫定リストを特集
日本の世界遺産 -東日本編- -西日本編-	978-4-86200-130-6 本体 2000円 2008年2月発行 978-4-86200-131-3 本体 2000円 2008年2月発行	
世界遺産ガイド-日本の世界遺産登録運動-	4-86200-108-4 本体 2000円 2005年12月発行	暫定リスト記載物件はじめ世界遺産登録運動の動きを特集
世界遺産ガイド-世界遺産登録をめざす富士山編-	978-4-86200-162-6 本体 2001円 2010年11月発行	富士山を世界遺産登録する意味と意義を考える
世界遺産ガイド-北東アジア編-	4-916208-87-0 本体 2000円 2004年3月発行	北東アジアにある世界遺産を特集、国の概要も紹介
世界遺産ガイド-朝鮮半島にある世界遺産-	4-86200-102-5 本体 2000円 2005年7月発行	朝鮮半島にある世界遺産、暫定リスト、無形文化遺産を特集
世界遺産ガイド-中国編- 2010改訂版	978-4-86200-139-9 本体 2381円 2009年10月発行	中国にある世界遺産、暫定リストを特集
世界遺産ガイド-モンゴル編- 新刊	978-4-86200-233-4 本体 2500円 2019年12月発行	モンゴルにあるユネスコ遺産を特集
世界遺産ガイド-東南アジア編-	978-4-86200-149-8 本体 2381円 2010年5月発行	東南アジアにある世界遺産、暫定リストを特集
世界遺産ガイド-ネパール・インド・スリランカ編- 新刊	978-4-86200-221-1 本体 2500円 2018年11月発行	ネパール・インド・スリランカにある世界遺産を特集
世界遺産ガイド-オーストラリア編-	4-86200-115-7 本体 2000円 2006年5月発行	オーストラリアにある世界遺産を特集、国の概要も紹介
世界遺産ガイド-中央アジアと周辺諸国編-	4-916208-63-3 本体 2000円 2002年8月発行	中央アジアと周辺諸国にある世界遺産を特集
世界遺産ガイド-中東編-	4-916208-30-7 本体 2000円 2000年7月発行	中東にある世界遺産を特集
世界遺産ガイド-知られざるエジプト編-	978-4-86200-152-8 本体 2381円 2010年6月発行	エジプトにある世界遺産、暫定リスト等を特集
世界遺産ガイド-アフリカ編-	4-916208-27-7 本体 2000円 2000年3月発行	アフリカにある世界遺産を特集
世界遺産ガイド-イタリア編-	4-86200-109-2 本体 2000円 2006年1月発行	イタリアにある世界遺産、暫定リストを特集
世界遺産ガイド-スペイン・ポルトガル編-	978-4-86200-158-0 本体 2381円 2011年1月発行	スペインとポルトガルにある世界遺産を特集
世界遺産ガイド-英国・アイルランド編-	978-4-86200-159-7 本体 2381円 2011年3月発行	英国とアイルランドにある世界遺産等を特集
世界遺産ガイド-フランス編-	978-4-86200-160-3 本体 2381円 2011年5月発行	フランスにある世界遺産、暫定リストを特集
世界遺産ガイド-ドイツ編-	4-86200-101-7 本体 2000円 2005年6月発行	ドイツにある世界遺産、暫定リストを特集
世界遺産ガイド-ロシア編-	978-4-86200-166-5 本体 2381円 2012年4月発行	ロシアにある世界遺産等を特集
世界遺産ガイド-ウクライナ編- 新刊	978-4-86200-260-0 本体 2600円 2022年3月	危機的状況にあるウクライナのユネスコ遺産を特集
世界遺産ガイド-コーカサス諸国編-	978-4-86200-227-3 本体 2500円 2019年6月発行	コーカサス諸国にある世界遺産等を特集
世界遺産ガイド-バルト三国編-	4-86200-222-8 本体2500円 2018年12月	バルト三国にある世界遺産を特集
世界遺産ガイド-アメリカ合衆国編-	978-4-86200-214-3 本体 2500円 2018年1月発行	アメリカ合衆国にあるユネスコ遺産等を特集
世界遺産ガイド-メキシコ編-	978-4-86200-202-0 本体 2500円 2016年8月発行	メキシコにある世界遺産等を特集
世界遺産ガイド-カリブ海地域編-	4-86200-226-6 本体 2600円 2019年5月発行	カリブ海地域にある主な世界遺産を特集
世界遺産ガイド-南米編-	4-86200-76-5 本体 2000円 2003年9月発行	南米にある主な世界遺産を特集

シンクタンクせとうち総合研究機構

世界遺産ガイド-地形・地質編-	978-4-86200-185-6 本体 2500円 2014年5月発行 世界自然遺産のうち、代表的な「地形・地質」を紹介
世界遺産ガイド-生態系編-	978-4-86200-186-3 本体 2500円 2014年5月発行 世界自然遺産のうち、代表的な「生態系」を紹介
世界遺産ガイド-自然景観編-	4-916208-86-2 本体 2000円 2004年3月発行 世界自然遺産のうち、代表的な「自然景観」を紹介
世界遺産ガイド-生物多様性編-	4-916208-83-8 本体 2000円 2004年1月発行 世界自然遺産のうち、代表的な「生物多様性」を紹介
世界遺産ガイド-自然保護区編-	4-916208-73-0 本体 2000円 2003年5月発行 自然遺産のうち、自然保護区のカテゴリーにあたる物件を特集
世界遺産ガイド-国立公園編-	4-916208-58-7 本体 2000円 2002年5月発行 ユネスコ世界遺産のうち、代表的な国立公園を特集
世界遺産ガイド-名勝・景勝地編-	4-916208-41-2 本体 2000円 2001年3月発行 ユネスコ世界遺産のうち、代表的な名勝・景勝地を特集
世界遺産ガイド-歴史都市編-	4-916208-64-1 本体 2000円 2002年9月発行 ユネスコ世界遺産のうち、代表的な歴史都市を特集
世界遺産ガイド-都市・建築編-	4-916208-39-0 本体 2000円 2001年2月発行 ユネスコ世界遺産のうち、代表的な都市・建築を特集
世界遺産ガイド-産業・技術編-	4-916208-40-4 本体 2000円 2001年3月発行 ユネスコ世界遺産のうち、産業・技術関連遺産を特集
世界遺産ガイド-産業遺産編-保存と活用	4-86200-103-3 本体 2000円 2005年4月発行 ユネスコ世界遺産のうち、各産業分野の遺産を特集
世界遺産ガイド-19世紀と20世紀の世界遺産編-	4-916208-56-0 本体 2000円 2002年7月発行 激動の19世紀、20世紀を代表する世界遺産を特集
世界遺産ガイド-宗教建築物編-	4-916208-72-2 本体 2000円 2003年6月発行 ユネスコ世界遺産のうち、代表的な宗教建築物を特集
世界遺産ガイド-仏教関連遺産編- 新刊	4-86200-223-5 本体 2600円 2019年2月発行 ユネスコ世界遺産のうち仏教関連遺産を特集
世界遺産ガイド-歴史的人物ゆかりの世界遺産編-	4-916208-57-9 本体 2000円 2002年9月発行 歴史的人物にゆかりの深いユネスコ世界遺産を特集
世界遺産ガイド-人類の負の遺産と復興の遺産編-	978-4-86200-173-3 本体 2000円 2018年2月発行 世界遺産から人類の負の遺産と復興の遺産を学ぶ
世界遺産ガイド-未来への継承編- 新刊	4-916208-242-6 本体 3500円 2020年10月発行 2022年の「世界遺産条約採択50周年」に向けて
ユネスコ遺産ガイド-世界編- 総合版 新刊	4-916208-255-6 本体 3500円 2022年2月発行 日本のユネスコ遺産を特集
ユネスコ遺産ガイド-日本編- 総集版 新刊	4-916208-250-1 本体 3500円 2021年4月発行 日本のユネスコ遺産を特集

世界の文化シリーズ

世界遺産の無形版といえる「世界無形文化遺産」についての希少な書籍

世界無形文化遺産データ・ブック 新刊 2022年版	978-4-86200-257-0 本体 2727円 2022年3月 世界無形文化遺産の仕組みや登録されているものを地域別・国別に整理。
世界無形文化遺産事典 2022年版 新刊	978-4-86200-258-7 本体 2727円 2022年3月 世界無形文化遺産の概要を、地域別・国別・登録年順に掲載。

世界の記憶シリーズ

ユネスコのプログラム「世界の記憶」の全体像を明らかにする日本初の書籍

世界の記憶データ・ブック 新刊 2017～2018年版	978-4-86200-215-0 本体 2778円 2018年1月発行 ユネスコ三大遺産事業の一つ「世界の記憶」の仕組みや427件の世界の記憶など、プログラムの全体像を明らかにする日本初のデータ・ブック。

ふるさとシリーズ

シンクタンクせとうち総合研究機構

事務局　〒731-5113　広島市佐伯区美鈴が丘緑三丁目4番3号

書籍のご注文専用ファックス　082-926-2306　電子メールwheritage@tiara.ocn.ne.jp